湛庐CHEERS

与最聪明的人共同进化

HERE COMES EVERYBODY

科学的广告 + 我的广告生涯

Scientific Advertising & My Life in Advertising

[美] 克劳德 · 霍普金斯 (Claude C.Hopkins) 著

邱凯生 译

华文出版社
Sinoculture Press

他是个只对广告感兴趣的人

大卫·奥格威

霍普金斯的著作《科学的广告&我的广告生涯》扫除了我在英国做撰文员时所患的"假文学病"，使我深刻认识到广告的责任在于销售。他改变了我的一生。

霍普金斯 17 岁的时候做过牧师，但他反对家人信奉的浸信教，因而去当了簿记员。不久，他加入比斯尔吸尘器公司（Bissell Carpet Sweeper Company）。在那儿，他发明了一些推销技巧，使得该公司在行业内几乎居于垄断地位。然后他到斯威福特（Swift）担任广告部经理，后又转任舒普医生药厂（Dr.Shoop）的广告部经理，还帮蒙哥马利·沃德百货公司（Montgomery Ward）和喜立滋（Schlitz）啤酒写文案。

41 岁时，他受雇于拉斯克，为洛德暨托马斯广告公司（Lord & Thomas，即今天著名的福康贝丁广告公司的前身）写文案。拉斯克付他年薪 18.5 万美元，相当于今天[①]200 万美元的币值。他在该公司待了 17 年之久。

霍普金斯是一位惊人的苦干者，他很少在子夜前离开办公室。同时，因为在星期天可以不受任何干扰地工作，所以他最喜爱的日子就是星期天。

很多产品借由他打字机打出来的广告文案，闻名于世。他发明了新产品强行铺货的方法，发明了试销，发明了用兑换券派发试用品，发明了广告文案研究。

他坚持认为任何受过大学教育的人都不能为大众市场的产品推广写文案，我了解他的用意。

他是一位不妥协的实干家，永远在测试新构想以寻求更好的结果。

他身材矮小、害羞、胆小如鼠、讲话口齿不清，但又非常健谈，是一位杰出的餐后讲演家。他常在衣襟上戴一朵晚樱花，口嚼甘草根，把口水溅到和他讲话的人脸上。

他非常富有，但又出了名的小气。他向来不买超过 6 美元的鞋子。但是，在他第二任妻子的劝说下，他购买了一艘海上游艇，雇用了一批园丁，还购买了路易十六时代的家具。她经常在家宴请成群的客人，并向霍普金斯演奏长达数小时斯卡拉蒂（Scarlatti）[②]的乐曲。

他认为在广告中使用图片是浪费版面。这是因为在他那个时代，杂志及报纸的篇幅较小，读者的注意力比较集中，现在我们不会认同这种看法。但是，任何一个有经验的广告从业人员都不会怀疑他的如下格言：

> “广告撰文员忘了他们是推销员，而干起演员的行当，他们不重视销售成果，却追求掌声。”

① 指 20 世纪 60 年代。——编者注

② 斯卡拉蒂（1660—1725），意大利作曲家，近代歌剧之父。——译者注

"在可能的时机，我们将有个性的人物导入广告，在使那个人成名的同时，我们也使产品出名。"

"改变一句标题使原来5倍的效果增加为10倍，是很平常的事。"

"简洁扼要的广告不必费神去解释，一个能找出来龙去脉的广告就是一套完整的故事。"

今天，许多人认为霍普金斯是一位不妥协的"强销"鼓吹者，其实，在品牌形象得到广泛关注之前，他就已经察觉到了它的重要性。他说："给予每一位广告主一种可塑的风格，能创造一种正确的个性，就是大大的成功。"

罗必凯（Raymond Rubicam）[①] 憎恶霍普金斯，认为他终身以欺骗大众为业，有一次他对我说："你是受过大学教育的霍普金斯，"这真是我所听过的最具讥讽性的赞美。

霍普金斯在自己离世前五年曾这样写道："我在广告界的主要工作是应付危机，没有人会在风平浪静时找我，几乎每一个客户都是在渐入佳境时离我而去。"由于厌倦了拯救客户于破产边缘，然后使他们比自己赚更多的钱，他辞掉了洛德暨托马斯广告公司的工作自行创业，然而一切都太晚了。

除了广告之外，霍普金斯别无嗜好，他自传的最后一句话隐含着一种悲怆："最快乐的人是那些接近自然的人。自然，也是广告获得成功的基本要素。"

---

① 罗必凯（1892—1978），人们称其为广告业中的"政治家"，创造现代广告的六位巨擘之一。——译者注

推荐序二

值得一读再读

伯恩斯坦（S. R. Bernstein）
广告出版公司　总裁

克劳德·霍普金斯的书总是一再被重印。

1923 年，他写了一本薄薄的小册子，由洛德暨托马斯广告公司出版，这本书取名为《科学的广告》。大约 30 年后，潜心研究科学营销学和广告学的著名学者阿尔弗雷德·普利策（Alfred Politz）将这本书重新出版。之所以重新出版，不仅是因为“霍普金斯提出了（关于广告的）最有意义的发现的精华部分”，还在于“当代的广告研究要想在广告的功效方面赶上克劳德·霍普金斯所作的贡献，还有很长的一段路要走”。

1927 年，霍普金斯撰写了自传《我的广告生涯》。这本书首先在《广告与销售》杂志（Advertising and Selling）上连载，随后由哈珀出版社（Harper）出版。在 1933 年，只要 10 美分就可以在任何一家旧书店里买到这本书（甚至还有其遗孀的亲笔签名——克劳德本人在此前一年不幸谢世）。

不过到了1946年，《广告与销售》杂志再版了这套书。沃尔特·韦尔（Walter Weir）写了导读性质的前言。他说：

> "《我的广告生涯》中鲜有草率拟就的内容，因而值得一读再读。呈现在你面前的这部自传，除了见证一位卓越广告人的成功生涯，还历数了造就这一成功的种种因素。所有的经验教训尽在其中。它满载了主人公生命中的点点滴滴。这不是一本书，而是一种经验——经验是最好的老师。"

※ ※ ※

所以，我们又重印了克劳德·霍普金斯的著作。我们这个版本同时收纳了他的《科学的广告》和《我的广告生涯》，希望能够给那些与霍普金斯那代广告人相比已经算得上是徒子徒孙们的晚辈以启迪。

霍普金斯绝对属于过去，但又令人惊奇地毫不过时。他是那个时代杰出的文案和策略大师。他写了很多广告，年收入超过10万美元[①]，这笔钱对那时的美国财政部来说都是一个相当大的数目。他在一个科学方兴未艾的时代大谈用科学的方法来做广告。尽管当年他所论述的很多内容在今时今日都已明显过时，或被证明是谬误，但不管怎样，克劳德·霍普金斯所创立的如此重要、如此持久的指导原则，是不可能被遗忘的。

阅读此书时，读者有时会因对其观点强烈反对而连连摇头，有时又会因完全赞同其论断而拍案叫绝。人们会对霍普金斯的自大和傲慢不满，又会被他的故事所打动，也会对他简洁明了、一针见血的叙述方式留下深刻的印象。下面这段摘自他自传的文字就是很好的例子：

① 相当于今天的几百万美元。——译者注

"我想如果我为劳斯莱斯轿车、蒂凡尼首饰、斯坦威钢琴做广告宣传，那我肯定会失败。我不懂有钱人，却非常了解老百姓。我喜欢和打工仔说话，研究那些斤斤计较的家庭主妇，向那些雄心勃勃的穷孩子们学习，获得他们的信任。给我他们想要的东西，我就可以拨动他们的心弦。我的用词浅显易懂，句子也很简短。学者们可以讥讽我的风格，阔佬们可以嘲笑我要突出的'卖点'，但是成千上万住在陋室里的普通人会阅读它、购买它介绍的产品。他们会觉得写广告的人了解他们，而他们也构成了95%的广告消费人群。"

克劳德·霍普金斯是广告界的开路前锋。他开创了一片天地，却又自认为是个严谨的人，并始终"以既定的原则和原理"做广告。这也是为什么他的书一再被重印，而不论是新手还是专家们都认为他的话令人深受鼓舞、让人受益匪浅、值得一再回味的原因。

推荐序三

真正的经典会历久弥新

龙之媒广告文化书店创办人、董事长

龙媒广告选书总策划

徐智明

大约是在 20 世纪 90 年代中期，从辗转看到的繁体版“广告教皇”大卫·奥格威的《奥格威谈广告》中，我第一次知道了克劳德·霍普金斯的大名及其《科学的广告》一书。当时那个对广告懵懵懂懂、对奥格威敬佩得无以复加的广告新人，马上就对这个能被奥格威奉为导师的前辈和他的著作产生了无比的神往之情。

后来我创办广告人书店，开始策划出版“龙媒广告选书”，列入第一批出版计划的就有《科学的广告》，并且终于在 1999 年购得其版权，首次将霍普金斯的两本传世著作《科学的广告》和《我的广告生涯》结成一册，带给了中国读者。

这本书完全不负预期，成了多年来最为畅销的广告著作之一。但真正令人欣喜的并不是它的畅销，而是数以万计的中国广告人从此开始接受真正的来自广告巨人的熏陶。

作为当时最杰出的广告文案撰稿人和广告策划大师，霍普金斯在这本篇幅不长的著作中，将自己服务当时最著名的广告主而获得的数十年经验以及从前辈广告人那里所汲取的智慧和盘托出，并且以完全自信、肯定、不容辩驳的语气将其归纳为广告的基本法则。这并非狂妄之论，而是真正的洞见，或者我们可以将其理解成一位广告大师在彼时彼刻义不容辞地承担起了造福广告业和后来者的使命。

霍普金斯肯定广告是一门科学，并且将广告定义为一种推销术。作为读者，我认为这两个观念正是霍普金斯留给我们的最宝贵遗产。对世界大型广告公司发展史稍有涉猎，我们就不难发现，它们中的大多数都是凭借科学运作广告和专注促进销售而获得成功的。这两个原则在过去几十年有效，相信未来也仍会是广告最基本的价值观念。

这也许正是这本完成于近一个世纪以前的1923年的著作能够跨越时空，在不同的时代、不同的国家觅得知音的根本原因。真正的经典总是历久弥新。

广告是缺乏经典的行业，至今我们所知和所能读到的仍屈指可数。所以无论是作为广告专业图书的出版策划人，还是作为一名普通的专业书读者，我个人的一个最大愿望就是：《科学的广告 & 我的广告生涯》这样真正的经典，能够不断地被出版、传播，让一代一代的广告人都能分享到我们这个行业最精粹的思想与智慧。

目录 Scientific Advertising & My Life in Advertising

科学的广告

我的广告生涯

科学的广告

1. 广告法则是怎么建立起来的

经过无数人的努力，广告终于发展成了一门科学，以固定的原则为基础，并且相当准确。有关原因与结果，全都经过仔细的分析研究，直到被彻底理解。有关程序的正确方法已然得到求证和确立。现在，我们知道什么最有效，我们是依据基本原理行事的。

过去的广告犹如一场赌博，现在在专业的指导下广告已成为一项最安全的行业。过去，肯定没有哪家企业只需冒如此少的风险就能有这样的机遇。

因此，本书不会着眼于各种各样的理论学说，而主要关注经过验证的原则和事实，目标是成为学生的教科书和广告主的安全手册。所有言论都经过深思熟虑。如果我们踏入一个不确定的领域，应小心排除那些不确定的因素。

广告业能有今天的地位，得益于多方面的因素。很多全国性广告是长期由那些大型广告代理公司操作的。在成百上千的广告活动中，有些广告公司实践并比较了成千上万的策划方案和创意，对广告效果进行了观察和记录，因此，经验和教训都得以保存下来。

这类广告公司会聘用一些高级人才。只有有能力、有经验的人才能参与到全国性广告中，他们中很多人通过合作、相互学习以及学习新生事物而成长为专家。

他们作为个体的人或加入或退出公司，都留下了自己的成就和创意，这些都成为公司的财富，并成为后来者的指南。这样，在几十年的发展过程里，这些公司逐渐成为储藏广告经验、经过验证的广告原理和手段的知识宝库。

较大的广告公司也开始与工商业界的专业人士建立起密切的关系，他们的客户通常是行业里占支配地位的大企业，因此他们见识过各种手段和策略的效果。于是，他们也就成了一个推销和广告经验的交流中心，几乎任何发生在经营中的销售问题都可以通过他们的丰富经验而找到正确的答案。

在这种环境的长期作用下，广告和商品销售开始成为精确的科学。所有的进程都被详细记录下来，精确的知识指明了通向任何终点的最短、最安全、最廉价的路径。

我们反复试验来掌握并证明原理，所采用的主要手段是主题性广告、广告效果跟踪，而效果跟踪在很大程度上是通过发放优惠券做到的。我们比较各种方法，正面的和反面的效果，记录下来并分析结果。如果有一种方法始终证明自己是最好的，那么这种方法就成为一条固定原则。

对邮购广告的跟踪调查能够精确到分，每份回执的成本和每一元钱销售额的成本都能以相当精确的方式计算出来。

把一种广告和另一种做比较，把一套方法和另一套做比较，标题、布局、大小、论点和图片都要做比较。对某些邮购广告来说，减少哪怕百分之一的成本都意味着节省一大笔资金，所以猜测是不允许的，你必须知道什么最好。这样，邮购广告首先确立了我们的很多基本法则。

在那些不可能直接看到结果的广告活动中，我们一个城市一个城市地做比较。很多广告手段也可以用这种方式做比较，用销售成本做衡量标准。

但是，最常用的方法是使用优惠券，我们提供一件试用品、一本书、一袋免费产品或其他物品，引起人们的直接回应。这样，我们就可以查明每个广告能引起多大的反应。

但这些数据还不是最终的，一条广告可能带来许多无用的回应，从另一个角度讲，这种反馈也是有价值的。所以我们最后的结论总是建立在每个顾客的成本或每个销售单位的成本上。

关于优惠券的策划会在"试用活动"一章中做更深入的探讨，在这里只是解释一下我们怎么用它来发现广告的规律。

在大型广告代理公司里，优惠券的回应情况按几百个不同产品种类进行观察和记录。有时就某一个单一的产品系列，就要对上千个不同的广告进行记录，这样我们就可以测试所有与广告相关的要素。通过大量的回应情况跟踪，我们几乎可以回答一切可能涉及的问题。

我们用这种方式学到的一些知识只能应用到特定的产品系列中去，尽管如此，它们也为类似的活动提供了基本原理。

其他的一些知识可以应用到所有场合中去，这些知识成为通用的广告基础原理，放之四海皆准的规律。明智的广告主永远不会偏离这些不可动摇的法则。

我们将在这本书里分析这些基本原则和普遍规律，描述已经确立的技巧。与其他的艺术形式一样，广告中也包含着科学与技术。而在广告中，科学技术就像在所有领域里一样，也是一个必需条件。

广告业过去存在一个主要问题，就是缺乏这些基础知识，每个从业者所依据的法则都是他自己的。以前所有的知识，这个行业所取得的进步，对他来说都是一本未打开的书。这就像一个人想建造现代化的蒸汽机车，却不首先弄清楚别人做得如何一样，和哥伦布出航去寻找未知的大陆是一样的性质。

人们常被一时的念头或偏好所引导，他们飘忽不定，随风动摇，很少能到达自己的目的地。如果他们真能到达终点，也是很偶然的，并且那也会是一个漫长的过程。

较早投身于商海的人们在商海中各自摸索自己的旅程，没有海图指引他们，没有灯塔指示港口，没有航标灯标出礁石。各种障碍都没有记录，所以有无数的冒险家在同一块礁石或同一片浅滩上遭受挫折。

那时广告是一种赌博——是那种不顾及后果的投机。一个人对正确路径的猜测，基本上无章可循。没有安全领航员，因为很少有人在同一条海道上航行过两次。

不过，这种情况已经得到纠正，现在唯一的不确定因素与人和产品有关，而不是广告手段方面的事。人们的习性、癖好和偏见很难琢磨，我们无法确定某种产品将会受欢迎，但我们知道怎样尽快地发现它是否受欢迎。我们确实知道怎样用最有效的方法推销它。

只要投机就可能会失败，不过失败并不意味着灾难。即使有这种事情发生，损失也不会太大，并且也与广告无关。

在这种新形势下，广告业蓬勃发展起来。从数量、声望和受重视程度上看，它都有了成倍的增长，几乎没有什么风险，效果也成倍地增长。原因就在于这种赌博已经变成了一门科学，一项相当保守的投机事业。

所有人都应该认识到这些。似是而非或长篇大论都没有立足之地，虚幻、引人入歧途的东西也是如此①。盲人骑瞎马②的做法是很荒谬的，在这个有着这么多机会的领域里这样做，实在让人觉得可惜。

---

① 原文 will-o'-the-wisp，解释为“鬼火”，虚幻的目标，引人入歧途之事物。——译者注

② 原文 the blind leading the blind，意思是外行指导外行，问道于盲，无知的人开导更无知的人。——译者注

靠盲目行事获得成功是罕见的，而持续成功则几乎不可能，除非这人有牛顿第一定律那样不可改变的自然法则作指引。

所以我们的主要目的是确立那些基本法则，并告诉你自己如何去求证它们。在这些基本法则的基础上，广告活动会有多种多样的变化，至今没有哪两次广告活动是按照完全相同的流程进行的。个性化是必要的，模仿是耻辱的。但那些有赖于灵感迸发的创意火花是无法全部囊括在广告教科书里的，教科书只能是打地基。

我们希望通过对广告更好的理解来培育这一业，把它当做一种商业行为，使它成为一种最安全、最可信、可以带来巨大回报的事业。

成千上万个引人注目的成功显示了广告业的机会，这些成功的不同之处表明了它不可限量的前景。没有广告业，很多人就不会得到应得到的，尽管如此，成千上万需要它的人还是把它的成功看做是某种偶然的幸运。

时代已变化，希望这本书能够在这方面给大家一些启迪。

2. 问题在于推销术

一个人要想准确地了解广告，或是学习它最基础的知识，必须从正确的概念开始。广告是推销术的一种，它的基本原则就是推销术的基本原则。在这两个领域里，成功或失败的原因都差不多，所以每个广告问题也应该按推销员的标准来解答。

让我们再强调一下这一点。**广告的唯一目的是实现销售。广告是否盈利，取决于广告引起的实际销售。**

广告不是为了制造一般的效果，不是为了让别人知道你的名字，其出发点不是为了帮助你的其他推销员。

把广告本身当做一个推销员，让它自己证明自己。把它与其他推销员做比较，统计它的成本和结果。不接受“好推销员都没有提出”这样的借口。这样，你就不会犯太大的错误。

二者的区别只是程度上的差异。广告是多元化的推销术，推销员与一个顾客打交道，而广告则诉求于成千上万的人。当然，广告的成本也相应加大。有的人在一条普通广告上每个词都要花费 10 美元，所以每条广告都应该是超级推销员。

一个推销员的失误并不会带来太大的损失，而一个广告失误造成的损失可能是上千倍的。因此，广告要更小心、更精确。

一个平庸的推销员只会影响到你的部分生意，但平庸的广告会影响到你的全部生意。

很多人以为广告创意就是广告的全部，实际上，文字水平对广告的重要性与口才对推销术的重要程度是同样的。

我们必须简短、清楚、有说服力地表达，就像一个推销员必须这样做一样。但是过于精美的文案显然是不利的，就像独特的文风并不一定更吸引人一样。它们分散了读者对主题的关注，它们暴露了鱼钩。所有精心策划过的推销企图，如果暴露于表面，都会引起相应的抵触。

这对于人员推销与纸面推销都是一样。只靠巧言很少能成为真正的好推销员，它们使顾客产生害怕失去主见的心理，让顾客怀疑有人想凭某种产品优势之外的东西向他们进行推销。

成功的推销员几乎都不是出众的演说家，他们并没有什么口才。他们只是些朴实、诚恳的人，了解自己的顾客和产品。广告创意也是如此。

广告业中很多最能干的人原先都是推销员。据我们所知，其中最好的原来都是挨门挨户推销的小商贩。他们可能都不知道什么叫语法，什么叫修辞，但他们知道怎么说才能让别人相信。

有一种最简单最恰当的方法可以回答很多广告方面的问题。问问你自己：“这是不是有助于推销员卖出产品呢？如果我面对一个顾客，这是不是有助于我卖出产品呢？”

对这些问题的公正回答可以避免很多失误。但如果一个人想炫耀一番，或只想自我陶醉，他就很少能拨动人们的心弦，让他们掏出钱来。

有的人主张喊口号，有的人喜欢聪明的点子。你会把它们用在人员销售中吗？你能想象会有一个顾客受这些东西的影响吗？如果不是这样，就不要在纸面推销中依赖它们。

有人会说："要简短，别人会读广告，但不会读太久。"你会这样告诉一个推销员吗？如果有一个潜在顾客站在他面前，你敢肯定他用几个字就能说服这位潜在顾客吗？这简直是不可想象的事。

在广告中也是这样，我们能打动的读者只会是那些对我们的主题感兴趣的人。没有人会为了娱乐的目的读广告，不管广告是长是短。把每一个读者都当做是站在你面前的、想从你那里得到信息的潜在顾客，给他们足够的信息，让他们行动起来。

有些人提倡用大号字和大标题，可他们自己却不欣赏那些大嗓门儿的推销员。人们习惯用 8 号字读到他们想要的东西，我们的杂志和报纸就是用这种字号印刷的。大家已经习惯了这种字体。用更大号的字就像我们毫无必要地用很大的声音交谈一样。这样做并不会获得相应的关注。这也许并不讨厌，但却毫无用处，而且很浪费，会使你的广告成本成倍增加。而对很多人来说，这看上去又吵又闹。

又有些人寻求一些奇形怪状、不同一般的东西，他们希望广告无论从风格到图片都与众不同。你会要求一个推销员也这样吗？难道不是那些举止和穿着都很平常的人更能让人有深刻的印象吗？

有些人坚持用精心装扮过的广告。在某种程度上可以这样做，但这并不是重要的事。有些未经修饰的广告，像不加修饰的人一样，最终也证明自己是出色的推销员。无论是过分修饰的人还是过分修饰的广告都不好。

很多问题都是如此。**要用推销员的标准而不是娱乐的标准衡量广告，广告不是写来取乐的**。如果你想让它们成为这样的东西，它们就只能吸引那些想找乐的人，而他们很可能并不是你想要诉求的人。

这是广告最大的失误之一。广告创意人员放弃了他们的职责，他们忘记了自己是推销员，而把自己当做了一个演员。他们想要掌声，而不是销售。

在你策划和准备广告时，心中要始终想着典型顾客，你的主题和你的标题要引起他的注意。然后，你做任何事都要想着你在和顾客面对面地交流。如果你是一个正常人，又是一个好推销员，那么你就会取得你所能取得的最好结果。

不要把大众看做铁板一块，这会让你的认识模糊不清。想象一个活生生的个体，或男或女，他或她很可能想买你的产品。不要和他们逗乐，花钱是一件严肃的事；不要吹牛，因为所有的人都讨厌别人吹牛；不要炫耀，只做那些好推销员在面对一个热心购买者时应该做的事。

有些广告人在策划和写作广告之前，都会亲自跑出去向人推销。曾经有一位最能干的广告人，花了好几个星期在一个产品上，一家一家地推销它。通过这种方法，他掌握了市场对不同形式的诉求点和诉求方法的反应，掌握了潜在顾客想要什么，哪些因素没有吸引力。在一次广告活动中，访问上百个潜在消费者是很常见的事。

也有的人为了研究购买者心理而发出问卷。所有的人都必须学会用某种方式去把握人们的脉搏，猜测的代价是惨重的。

广告产品的生产者了解生产制作方面的事，也许还了解经销商方面的事，但这种知识往往使他们偏离了消费者。他们诉求的利益并不是消费者的利益。

广告人研究消费者，他努力把自己放在购买者的立场上，他的成功很大程度上取决于他是否这样做，而不是靠其他的方法。

在推销术这个问题上，这一章是本书中最重要的部分。广告不成功的大多数原因首先是试图向人们推销他们不想要的东西，第二个就是缺乏真正的推销术。

现在的广告策划和写作都包含着一些完全错误的观念，它们是为了取悦销售商而写的，顾客的利益被丢在了脑后。如果一个人总是抱着这样一种态度，那么，无论是面对面的人员销售还是纸面销售，他都不可能把产品卖出去，赚到钱。

3. 提供服务

记住，你面对的人都是自私的，就像我们自己一样。他们并不关心你的利益或你的利润，他们只为自己寻求服务。然而，在广告界忽视这一事实却是一个普遍存在的错误，而且是一个代价高昂的错误。广告上会说："买我的牌子吧，和别人做生意不如和我做生意，把钱给我吧。"这是不受欢迎的表达方式。

最好的广告不会求任何人购买，那样没用。通常它们不会标明产品的价格，它们不会说有经销商在经销这种产品。

广告是完全建立在服务基础上的。它们提供别人所需要的信息，向使用者讲述产品的优点，也许还提供试用品，或是替顾客支付第一次购买的开支，或是在征得顾客的同意之后，给他们寄一些东西。这样，顾客们不需要任何代价，不必冒任何风险，就可以验证广告承诺的真伪。

有些这样的广告显得很利他，但实际上它们也是建立在对人性的了解的基础上的。广告文案撰稿者知道怎样引导人们去购买。

这又是推销术，好推销员不会只是叫喊某一个品牌，他不会说："买我的产品吧。"他会站在顾客的立场上展示他的服务，直到很自然地得到购买结果。

有个制作刷子的人雇了大约2 000名销售人员去挨家挨户地推销产品。他在这个看似很困难的产品上取得了巨大的成功，而他的推销员如果只要求家庭主妇们购买的话，这一行也一定很难做出好成绩。

但是他们不是这样做的。他们登门拜访，并且说："我们老板派我来给您送这种刷子，我这里有试用品，想让您挑选一下。"

家庭主妇会很高兴，并予以关注。在挑选赠送给她的刷子的过程中，她会看到另外几种她想要的产品。她还很想得到礼物，于是推销员拿到了一份订单。

另一家企业向大约500个城镇派出大篷车，销售咖啡之类的东西。推销员带着半磅一包的咖啡上门，并且说："请收下这包咖啡，尝一尝。过两天我会再回来，问问您的感觉。"

即便他再回来，他也没有要求对方购买。他只是解释说，他想送给这位女士一件精美的厨房用具，这并不是免费的，但如果她想要咖啡的话，她买的每磅咖啡可以便宜5分钱，这样她就有钱可以买那个厨具了。他们提供的总是某种服务。

一家生产电动缝纫机马达的制造商觉得让他的广告真正有效很困难，于是他接受了别人的合理建议，停止四处乞求别人购买产品。他表示可以通过任选的经销商向任何家庭送去一部马达，让他们使用一个星期。送马达的时候还会专门派一个人教用户怎么操作。广告提出："让我们帮您一个星期，您不必承担任何代价或义务。"这样的承诺不会遭遇任何抵触，而试用结果十有八九会导致购买行为。

在许许多多的产品上都是如此。香烟生产商给人们送去成包的产品，说："抽10根，剩下的要么送回来，要么留下，都随您的便。"

出版书籍的商人及生产打字机、洗衣机、橱柜、吸尘器的商人们，往往不需要预付款就把他们的产品送出去。他们会说："用上一个星期，然后您就随意吧。"实际上，所有通过邮购卖出的商品都是允许顾客退回的。

这些都是常见的推销原则。连那些最不起眼的、沿街叫卖的小贩们都在运用这些原则，而纸面推销却常常会忽视它们——只顾讨论生产商自己的兴趣所在，只强调某个牌子，就好像那是很重要的事情一样。这种人所信奉的格言是："把人赶到商店里去。"这就是他们在言谈中表现出来的态度。

人们可以受诱导，但不会接受你的驱赶。无论他们做什么，都是为了让自己高兴。如果永远牢记这一点，在广告上犯的错误就会少得多。

4. 邮购广告的启示

一个广告人面对的最严峻的考验是通过直邮销售产品。不过，如果我们想获得成功，这是我们必须学习的课程。直邮的成本和结果马上就可以显现出来，错误的理论会像阳光下的雪花一样无声无息地融化掉。一个广告是否赚钱，从回报上就可以表现出来，数字是不会撒谎的，它很快就会让我们知道某条广告的优点。

这可以增加人们的勇气，可以免除所有的猜测，可以凸现所有的错误。认识到自己的判断力是多么频繁地出错，我们很快就会变得不那么自负——通常十有八九是这样的。

这样，我们可以看到，要想取得公平的成功机会，广告就必须建立在科学的基础上。我们还可以看到，浪费每一块钱都增加了销售的成本。

因此，在邮购广告这样一位不会被愚弄的老师的教导下，我们可以学会效率和精打细算。那时，也只有在那时，我们才能迅速把同样的原则和要素应用在所有的广告上。

例如，有个人经销一种 5 美元的产品，其广告的回复成本是 85 美分；另一个人提交给他一个自认为更好的广告方案，可是每个回复的成本是 14.2 美元；还有一个人提交的广告方案在两年内每个回复的成本平均只有 41 美分。

按每年 25 万份回复计算，考虑一下其中的差别。想一想那个把成本降低了一半的方案是多么有价值。再想一想那个把成本升到了 14.2 美元、在回报上却没有什么突破的方案，如果持续下去会是什么结果。

可是仍有成千上万的广告主就是愿意这样做，他们仅凭猜测就花出去大笔大笔的钱。他们正在做我们刚才提到的那个人所做过的事——花了必要成本的 2 ～ 35 倍的钱做推销。

一项关于邮购广告的研究揭示了很多值得学习的东西，这是我们的主要研究课题。如果你想将广告继续下去，按照这种方法，你就能知道你目前的做法是否能实现预期回报，也就能判断它是否是适用于某种产品的好广告。

这样做的好处就在于，这个广告是在经过许多调研比较后选中的，因此它是目前最适合这个产品的广告。

要以严谨的态度研究那些广告。它们是经过实践检验的广告，不是书本上的理论。它们不会欺骗你，它们教给你的经验都是那些有见识的广告人应用在所有广告中的基本原则。

邮购广告总是字体很小，通常它采用的字体会比普通印刷品的字体小。这种空间经济学比比皆是。由此我们得到一个结论，就是太大的字并不见得会有很好的回报。

记住，当你把广告的字体放大一倍时，你也把你的版面放大了一倍。这条广告可能仍有利润，但是对结果的跟踪分析表明，你为销售付出了双倍的价钱。

在邮购广告中，不会有版面供你浪费。每一行都要利用，边框很少使用。因此，如果有人劝你留下一些宝贵的版面，什么都不安排的时候，你要记住刚才讲到的原则。

在邮购广告中，没有天南海北的闲谈，没有华章妙语，只有特别出众的服务。没有无聊的议论，没有任何只想逗乐的内容。

邮购广告通常包含一张优惠券，这是为了促使那些已经有些心动的消费者采取行动，为了让人们剪做备忘录，用来提醒自己做出决定。

邮购广告主知道，人们总是会忘记一些事情。他们只是为了兴趣读杂志，他们可能会被某个故事所吸引。很大一部分人读了一条广告，并且决定采取行动，可是 5 分钟之后他们就会把这件事忘得一干二净。邮购广告主通过试验发现了这种浪费，但他并不打算任由读者浪费。于是广告主加入了这份备忘录供人们剪取，而如果人们准备采取行动，他们会利用这张优惠券。

在邮购广告中，图片总是与主题相关的。它们本身就是推销员，靠自己的价值在版面上赢得一席之地。画幅的大小是根据它们的重要性决定的。如果一个人想卖衣服的话，图片占的篇幅可能就会很大，不太重要的东西就不应占太大的空间。

普通广告中的图片有时说不出什么道理，它们很可能是一时兴起产生的念头。但在邮购广告中，图片可能会占推销成本的一半。你应该确保所有涉及图片的决定都是经过多次比较试验后才做出来的。

如果你仅仅为了装饰或引起别人的注意而采用无用的图片，在你这样做之前，看一些邮购广告，学学别人的标准是什么。

有个人做广告说他通过直邮的方式销售一种孵化器。标题采用了恰当的标准字体，该广告为他带来了可观的回报。但他认为，也许用一幅引人注目的图片会带来更多的回报，于是他增加了 50% 的篇幅，加进了一排小鸡的剪影。

那的确使广告具备了更强的震撼力，但他的回应成本也相应增加了 50%。每增加一排小鸡，广告的成本便增加一半，然而销售却没有丝毫增长。

那个人因此认识到，孵化器的购买者是一些讲求实际的人，他们是在找寻有吸引力的产品，而不是图片。

想一想那些无以计数的无人跟踪的广告，他们把广告的一半投资都放在了某种冲动之上，结果却没有换回一分钱的回报。这种广告还有可能年复一年地做下去。

如果邮购广告想要达到的目的是取得即时销售，它就应该讲述一些完整的故事，文案的篇幅并没有什么限制。

有一句格言是："你说得越多，卖得越多。"在我们所知的所有试验中，这句格言都显示出其正确性。

广告主有时会使用小广告，有时会用大广告。没有哪个广告会由于篇幅太小而讲不完一个有条有理的故事。但放大两倍的广告理应带来两倍的回报，放大 4 倍的广告应带来 4 倍的回报，而且通常还要再多一些。

但要取得这样的结果，就必须使大广告像小广告一样，对篇幅善加利用。把理应放在半版的文案放在一个整版上，你只会把成本加大一倍，我们已经看到很多试验证明了这一点。

看看米德（Mead）自行车的一个广告——一个典型的邮购广告。它们已经这样发布了很多年，广告一直没有变化。米德先生对文案撰稿人说，如果收入不增加 1 万美元，他不会改变他广告上的任何一个字。

多年来，他把一个又一个广告进行比较。你今天看到的广告是所有这些试验的最终结果。注意他采用的图片、标题、小字号的字体和它对版面的节省。从广告目标上讲，这也就是一条广告所能达到的最完美程度了。

许多持续了很久的邮购广告也是这样。每个形象、每个用词和每张图片，都最大限度地给广告业提供了经验。你可能不喜欢这些广告，可能会说它们不吸引人，太拥挤了，很难读下去——你可能会有很多想法。但对结果的检验证明这些广告是该领域目前为止所能找到的最好的推销员，它们当然能取得回报。

邮购广告是让你最后得到洗礼的地方。只要你愿意，通过观察其他类型的广告，你也能得到同样的启示。但是，邮购广告是样板，它们以一种难度较大的方式，成功地将产品推销了出去。比起把消费者引到商店里，获得邮购订单要困难得多。对一种别人无法亲眼目睹的产品，你很难把它推销出去。如果有哪个广告能够做到这一点，那它肯定可以算是一个出色的榜样，别的广告也都应该这样做。

然而，我们却做不到总是按照邮购广告的全部原则去做，尽管我们知道我们应该这样做。广告主总是逼你让步，对自己广告的自豪也可能影响我们行事。但是，对这些原则的任何偏离都会增加我们的销售支出。因此，我们总要面对这样的问题：我们究竟愿意为自己的华而不实付出多大的代价？

至少我们可以知道我们付出了什么样的代价，我们可以对不同的广告进行比较。只要我们这样做了，我们会毫无例外地发现，我们的做法越接近经过实践证明了的邮购广告式的文案，我们的广告投入越能获得更多的顾客。

这一章也非常重要。仔细想想，引导一个顾客通过直邮订购产品与从经销商手中订购产品，这二者之间到底有什么真正的不同？为什么推销手段要有区别？

它们不应该有区别。如果出现区别，那总是出于两种原因中的一个。要么是广告主不具备邮购广告主那样的知识，只是在盲目做广告，要么是他为了满足某种欲望而特意放弃了他的一部分回报。

这会带来某种遗憾，就像精致的办公室大楼也常常有遗憾一样。我们大多数人情愿为了自己的尊严或一己之见做某件事，我们愿意承担为此付出的代价。但是我们应该知道自己在做什么，我们应该知道我们为了自己的骄傲会付出什么样的代价。然后，如果我们的广告不能带给我们预期的回报，我们就应该以优秀的邮购广告为样板，减少我们的浪费。

5. 标　题

广告和直销之间的区别，主要在于接触人的方式。推销员活生生地站在那里，希望引起注意，他不可能完全被忽视，而广告却有可能被忽视。

但是，推销员也可能会在他永远也激发不起兴趣的对象身上浪费太多的时间，他不可能把他们挑出来。而广告的读者只会是那些有兴趣的人，他们会根据自己的意志，研究我们所必须说的话。

在广告中使用标题的目的就是挑选出你能激发起兴趣的人。如果你想和人群中的某个人说话，你一开始也会说“喂，比尔·琼斯先生”，这样才能引起那个人的注意。

广告也是这样，你所拥有的东西只会让部分人产生兴趣，并且是出于特定的原因。你只能关注这些人，然后，创作出一个拉住这些人的标题。

也许，一个无的放矢的标题或一些聪明幽默的话可以吸引更多的人，但这类标题大多包含着一些与你的商品无关的东西，而你所期待的顾客可能从来没有认识到这个广告宣传的是他们想要的某种东西。

广告的标题就好像新闻标题一样。没有人会读一整份报纸，有的人对财经消息感兴趣，有人对政治感兴趣，有人对社会生活感兴趣，有人对厨艺感兴趣，有人对体育感兴趣。在任何报纸上都有成版的东西我们从来不曾扫过一眼，而有的人则一打开报纸就直接找这些版面。

我们根据新闻标题挑选出我们想要读的东西，我们不希望这些标题误导我们。标题写作是最重要的新闻艺术之一，它们或是消除、或是激发某种阅读兴趣。

假设有一篇报纸文章报道说，某位妇女是本城最漂亮的女人，这篇文章肯定会引起那个女人和她的朋友们的密切注意，但是如果标题换成“埃及人的心理”，那么无论她还是她的朋友们都不会去阅读这篇文章。

广告也是这样。大家都说，人们不看广告，这种说法当然很愚蠢。我们在广告上花了数以百万的金钱，而且一直在观察回报，最后发现广告竟然有那么多的读者，这令我们感到惊奇。我们一次又一次地看到，所有报纸读者有 20% 剪下了某张优惠券。

但人们并不是为了取乐才读广告。如果一眼扫过去，广告没有使他们感兴趣的东西，他们就不会读下去。女子服装的双页广告绝不会引得男人看上一眼，而剃须膏广告对妇女来说也是一样。

广告人脑子里总要有这样的概念：大家都很忙，那些值得开发的普通推销对象总有太多的事要做，没时间阅读。他们花钱买书买报，但其中有 3/4 的内容他们连看都不看。他们不会读你的商业评论，除非你让他觉得这种评论值得一读，而标题又能显示出这一点。

人们不会去钻研印刷品。他们可能会在餐桌上很有礼貌地听别人吹牛，讲些个人的事或自己所经历的往事。但是对于印刷品，读者会挑选合胃口的题材。他们想要从中受益或是从中取乐，他们想要合算、漂亮、省力、好吃、好穿的东西。杂志上也许的确有更能让他们受益的产品，但是除非标题或图片能够告诉他们这一点，否则普通读者永远不会知道。

本书的作者在标题上花的时间要远远多于在其他写作上花的时间。他通常为一个标题就用上好几个小时的时间，经常在找到一个合适的标题之前舍弃很多标题。这是因为，一条广告所能获得的所有回报就在于它是否能引起想吸引的那部分读者的注意。除非我们有听众，否则就是最好的推销术也不会有任何机会。

标题效果的巨大差异是由跟踪调查显示出来的，而跟踪调查也是本书所一直推崇的。同一条广告，如果选用了不同标题，它的回馈也会有巨大的差异。只在标题上做个修改就使回报增加 5 ~ 10 倍，这样的事并不罕见。

所以我们要不断比较标题，直到我们确信什么样的诉求可以得到最好的结果。当然，对不同产品，情况会有所不同。

有时，笔者面前会有近两千条标题的调查结果，而这些标题都是用在同一个产品上的。这些广告的内容几乎是一样的，仅仅因为标题不同，回报就有了很大的差异。于是根据我们对每一条广告的反馈调查，我们最终应使用的标题也就浮现出来了。

这样，我们了解了什么样的标题有最广泛的诉求。一种产品有很多用途，可以护肤养颜，可以防止疾病，可以帮助修饰或清洁。我们可以精确地找出，哪一种品质是我们大部分读者最想要的。

这并不意味着我们忽视了其他的，这种诉求带来的回报可能是那一种的一半，但也足以为我们带来利润。我们不能放过任何有收益的地方，但是我们要知道，我们的广告标题在哪方面吸引哪个社会阶层。

正是由于这个原因，我们采用了大量不同的广告。如果我们使用 20 种杂志，我们可能也会采用 20 种相互有区别的广告。这是因为每本杂志在发行上有差异，也因为每一种广告都可以吸引相当比例的一部分人，而我们希望到达所有的人。

比如一种肥皂产品，标题是“保持清洁”，它可能只会吸引很小一部分人，它太普遍了。“不含动物脂肪”这个标题也是这样，人们也许不太在意这一点。“它很润滑”这个标题可能会有些意思，而一个描述美丽肌肤的标题可能会吸引成倍的人。

某条汽车广告的标题是“这是一款好的万向节”，这就太平铺直叙了，很少会给顾客留下特别的印象。同样的广告如果换一个标题，“运动员中的运动员”，那么这条广告胜出的几率就会提高50倍。

这些已经足以说明标题的重要性，任何研究广告的人都会对其中的差异感到惊奇。我们最喜欢的诉求很少能被证明是最好的，这是因为我们对人们的了解还不够，不知道他们的愿望是什么，所以我们要通过实践了解每一种诉求的效果。

但是，在所有实践的背后，都隐藏着固有的原则。你向上百万的人展示一个广告，他们中的一部分人是对你感兴趣的对象，抓住这部分人，拨动他们的心弦。如果你是在为女用束带做广告，男人和小孩是不会有兴趣的。如果你是在为香烟做广告，你的广告对不抽烟的人是不起作用的。剃须刀不会吸引妇女，胭脂不会吸引男人。

不要以为那些读你广告的几百万人会去研究你的产品是不是有意思，他们只在一瞥之间便做出决定——靠你的标题或图片。要着眼于你想找寻的那些人，而且只着眼于他们。

6. 心　理

优秀的广告人应该懂得心理学，而且懂得越多越好。他应该了解特定的影响会导致特定的反应，并且借此提升广告成果，避免犯错误。

人性是恒久的，在很多方面，今天的人性和恺撒时代的人性并没有什么区别。所以说，心理学的原理也是固定的，是历久不变的。你永远也不必否定你过去学到的知识。

比如我们知道，好奇心是最强的刺激因素之一，我们只要有可能就利用这一点。“膨化小麦”和“爆米花”在很大程度上就是依赖人们的好奇心取得成功的。“谷物膨胀到正常大小的 8 倍”、“从枪里发射出来的食品”、“在每颗谷粒中引发 1.25 亿次气体爆炸”，在这些诉求点被发现之前，这些食品是很失败的。

我们知道“便宜”并不是一种强有力的诉求。美国人是很奢侈浪费的，他们希望讨价还价，但不希望廉价。美国人希望感觉自己有能力吃得最好、用得最好、穿得最好。如果把他们当做没钱支付这种生活的人，他们就会讨厌你的看法。

我们知道人们很大程度上是根据价格做判断的，普通大众不可能个个都是专家。在不列颠国家画廊内有一幅画，在艺术品目录中的标价是 75 万美元。很多人最初走过它的时候只是瞥了一眼，当这些观众后来再看到艺术品目录上这幅画的价格时，便会返回去仔细观赏。

有一年复活节，一家百货店为一顶定价 1 000 美元的帽子做广告，结果那层楼被跑来看这顶帽子的妇女挤得水泄不通。

我们经常会利用这个心理因素。假设我们正在为一个有价值的配方做广告，仅仅说它很有价值不会给人什么印象，于是我们声明我们是花了 10 万美元买下这个配方的，实际也确实如此。这样的声明一旦应用就会引起广泛的重视。

很多产品是在提供担保的前提下出售的，现在有这么多的担保，人们对此已经麻木了。可是有一家企业通过提供经销商签署的担保赚了一大笔钱，经销商对每一个花钱买其商品的人都以书面的形式保证：只要顾客要求，这家经销商可以再花钱把东西收回来。这不是一个很远的陌生人，而是一个像邻居一样的人提供的担保。结果很多人尝试了这个计划，而经实践证明，这种做法有其自身的效力。

很多人这样做广告，“试用一个星期，如果你不喜欢它，我们会返还你的钱。”于是有人受此启发产生了这样的主意，不需对方付任何现金，就先把产品送过去，并且说：“如果你喜欢它，一周后再付款。”这样的做法也已多次被证明能给人以深刻印象。

有一位很优秀的广告人阐明了这种方式的特别之处：“有两个人来找我，两个人都想卖给我一匹马。两个人的许诺都一样，它们是好马，脾气好，步伐轻，小孩子也能驾驭它们。一个说：‘试骑一个星期，如果我说得不对，你再来找我要回你的钱。’另一个也说：‘试骑一个星期，’但他又补充说，‘到那个时候再付给我钱。’很自然，我会买第二个人的马。”

现在有无数的产品，像香烟、打字机、洗衣机、书等，都是在征得顾客同意后以这样的方式送了出去的。我们发现，人们是诚实的，损失都很小。

有位广告主向商业界人士出售一套书籍。他的广告没能使他赚钱，于是他咨询了一位专家。那些广告给人的印象颇深，出售的书看上去也挺吸引人。“但是，”专家说，“让我们再加上一点。我以前做过，知道它很有效。我们可以向顾客提出将其名字烫金印在每一本书上。”广告主照办了，广告几乎没有再做其他的改变，他们卖出了几十万本书。通过探索人们心理中的一些特殊情结，我们发现烫金的名字可以使那些书籍大大增值。

很多人会向顾客或潜在顾客赠送一些小礼物（如备忘录），但效果并不好。有个人寄出了一封信，意思是他准备了一份印有对方名字的皮革封面的笔记本。本子已经准备好了，只要对方来信索要，他就给寄过去。索取表也一并寄出，表格里还问了一些情况，借此使其了解对方需要什么样的产品。

几乎所有的人都填写了索取表，并且提供了个人资料。当一个人得知有某种东西属于他——尤其是该物品上刻有他的名字时，他就会努力去得到它，尽管这个东西也许无足轻重。

用同样的方法，我们发现，只针对某一阶层的承诺比泛泛而谈的承诺效果更好。比如，只面向退伍军人，只面向某些团体或教派成员，或是只面向主管们。那些拥有某种特殊优势的阶层会花大力气保住这些优势。

有个广告主深受假冒产品的危害，因而会说“小心假冒产品”、“搞清楚你拿到的是这个品牌”等，但这毫无效果，这是种很自私的诉求。

后来他说：“也试试我们竞争对手的。”——他把这句话写入他的标题。他请大家做比较，并表明他并不害怕这种比较，这使局势大为改观。消费者们会去认真寻找这个品牌，因为它有明显的优势，它的生产厂家不怕和别人较量。

有两个广告主生产的食品几乎是完全相同的。两个都提供一整袋产品供试用，但方式有所不同：一个免费赠送，另一个则替顾客出钱买下来，消费者凭兑换券可以在任何商店换一整袋。其实生产商已按零售价格向经销商支付了货款。

第一个广告主失败了，而第二个广告主成功了，第一个甚至失去了很多市场份额。由于免费赠送的商品仅值 15 美分，这个广告主也因此使自己的产品掉了价。如果有一样产品曾经是免费的，你很难再让人花钱去买它。这就像用惯了通行证坐火车，现在却要你去买车票一样。

另一个广告主按零售价支付给零售商货款，而让消费者试用他的产品，用这种方法为他的产品赢得了附加值。一个好到让它的生产者买下的产品也一定可以好到让它的消费者买下。花 15 美分让你试用与仅仅说“它是免费的”之间有着很大的差别。

派发试用品也是这样。给家庭主妇送去一件她并不需要的物品，她不会对此太重视，不会有兴致去发掘它的优点。但是如果她在读了你的故事之后，自己请求要一份试用品，那她的态度就会很不一样。这时她知道你的承诺，并对此很感兴趣，否则她是不会行动的。现在她想见识一下你说过的那种产品的品质。

心理作用很重要，拿出 5 个完全一样的产品，5 个人中的每一个都可能会从中挑选出一个自己满意的。可是，如果你指出其中有一个产品有些特点值得大家注意，那么，每个人就都会去关注这些特点，他们也许会都挑选这种产品。

如果人们会因心理上的影响而变得情绪糟糕或快乐，那他们也会因此对某个特定的品牌产生好感，而这是某些产品赢得顾客的唯一方法。

有两家企业，门挨门，都用分期付款的方式出售女式服装。他们都是针对那些没钱却想穿得漂亮一些的女孩子的，其中一家就只是把她们当做没钱的女孩子，提出了一些很普通的口号。而另一家却任命了一位女士专门负责这件事——一位像母亲一样慈爱、威严而又能干的女士。公司以她的名义做生意，使用她的照片，让她在所有广告和促销信上签名。她像朋友一样给那些女孩子写信，她自己清楚，如果一个女孩子不能穿上她最好的衣服会意味着什么。她用了很长时间找寻机会，为女士们提供好服装，并让她们任选付款期限。现在，又有人在幕后支持，她有能力做到这一点。

我们对这两种诉求没有做过什么比较。那位女士隔壁的竞争对手虽然有很长的经营历史，但没过多久时间就关门了。

这家商店的后面有一家提供分期付款方式获得家居装饰装修服务的企业。它如果只是不加选择地送出产品目录，收效肯定不会太大，但是它为顾客提供长期的信用服务，这样就可能产生一些反响。

如果一位女性在那家服装店买过衣服，并且按协议的方式信用付款。这家商店就给她写信，“我们认识的某太太告诉我们说，您是她的好主顾。她说她和您打过交道，您做事很有信用。所以我们也为您设立了一个信用户头，您任何时间都可以使用它。如果您想买任何家具的话，就请订货吧。您不需要预付任何款项，我们很乐意无条件地把货物给像您这样受到推荐的人送去。”

这自然是一种奉承。不过，收到信的人若打算买家具，她们便会从这家公司订货。

心理学知识没有止境，有些人天生就懂得。他们中的很多人从自己的经验中得到这方面的知识，但我们主要还是从别人那里学到这些知识。看到某种有效的方法，我们就应该把它记下来，时机一到就要尝试去应用它。

这些知识很重要，同一件事用不同的方法去做，收获会大不相同。在商业经验的宝藏中，我们必须找到最有效的方法。

7. 变得更具体

广告诉求老生常谈或大而无当，都会像鹅掌划水一样，稍过一会儿就了然无痕，不会给人留下印象。说“世界上最好的”、“目前价格最低的”等，充其量不过是在说些人们意料之中的话，而且往往是有害的。它们表明你的表达很随意，有夸大其词的倾向，没有认真反映真实情况。这会使读者对你所做的任何说明都将信将疑。

人们认为推销性的话都有一些吹嘘的成分，就像他们看待诗歌的夸张与浪漫一样。某人也许会说，“品质卓越”并不是撒谎，尽管也有其他品牌可能也一样好。人们可以理解销售人员把他最好的一面展现出来，而且能够原谅他出于职业热情而做的一些夸张。但也正由于这个原因，笼统的说明不会有多大的说服力。如果一个人总爱用“超级”之类词语的话，就应该能想到别人在听他说话时会倍加谨慎。

但如果一个人是在做很具体的说明，那他要么是在讲实情，要么是在撒谎。人们不希望广告主撒谎，他们也知道广告主不可能在最好的媒体上撒谎。人们之所以对广告越来越尊重，就是因为它日益重视自己的真实性。

所以，一般人都会接受明确的说明，实际的数字一般都会受到认真地对待，而且所谈到的事实要有分量和实效。

无论是对广告创意还是对人员直销，这一点都非常重要。论点的力度常常会因为具体的陈述而得到加强。如果说一种钨丝灯比一种碳丝灯更亮，别人可能还会有些怀疑，但如果用数字来说明（如 3.3 倍的亮度），人们就会觉得你做过测试和比较。

某位经销商会说："我们降低了价格。"但这不会产生任何影响。如果他说"我们的价格降低了 25%"，他的宣传就产生了效果。

有位邮购广告商向比较穷困的女性出售女装。多年来他一直使用这样一条口号："全美国最低的价格。"他的竞争对手也都模仿他。于是他保证比别的经销商售价还低，他的竞争对手也这样做。很快这类承诺就变成了这一行业的广告主常用的手段，在邮购广告中比比皆是。

后来，他接受了一个很好的建议，把他的声明变为："我们的纯利润是 3%。"这是一种明确的说明，让人印象深刻。根据他们的经济规模，显然他们的价格是最低的，没有人还能用低于 3% 的利润做生意。第二年，他们的生意就有了明显的增长。

有一段时间，汽车业给人的普遍印象是这一行获得了超额的利润。有一位广告主接受了别人的好建议，推出了这样的诉求："我们的利润是 9%。"然后，对一种标价为 1 500 美元的车，他们指出其内部零件的实际成本是 735 美元，这不包括任何人都可以轻易看到的部件。这个广告主在当时的类似车型上取得了很大成功。

在很长时间里，剃须膏广告都说"丰富的泡沫"、"不在脸上干掉"、"快速生效"等，这种话每个广告主都会说，因此效果也就彼此彼此。

后来，一位新的生产商进入了这个领域。这是一个荆棘遍布的领域，因为每一个顾客都要与别的厂商竞争。他发布了具体的事实，他说，“这种剃须膏能产出 250 倍大的泡沫”、“在一分钟内软化胡须”、“泡沫状态能在脸上完整保持10分钟”、“130种配方测试和比较后的成果”。恐怕还没有哪个广告主在竞争如此激烈的情况下能取得比他更快和更大的成功。

安全剃须刀的制造商一直在宣传快速剃须。一位制造商宣称使用它的产品刮脸只需要 78 秒钟，这就非常明确了，它表明这确实经过了实际测试。那个人立刻在销售上取得了明显的优势。

过去，所有的啤酒广告都以“纯”为诉求点，这种宣传不能给人留下什么印象。你用的字体越大，你就越像一个傻瓜。在花了无数的钱做了一些泛泛的宣传之后，一位酿酒商采用了一张玻璃屋的照片，在这间屋子里，啤酒在过滤后的空气里冷却。他刊登了一张白木浆过滤器的照片，这是用来纯化每一滴啤酒的。他讲述了如何在机器里清洗 4 遍酒瓶，如何从地下 5 000 英尺处开采出纯净水源，如何做了 1 018 次试验，培养出了一种酵母能够产生无与伦比的啤酒口味，还讲到了所有生产用的酵母又是如何产自那块原生酵母的。

本来，其他任何一个酿酒商也都可以做这样的宣传。这些东西都是普通酿酒工艺所必需的。但是，他是第一个告诉人们这些事实的广告主，而其他的人还在空喊什么“纯啤酒”。他取得了啤酒广告史上空前的成功。

“全世界都使用”是一句很有弹性的口号。后来有一位广告主说“有 52 个国家的人在使用。”这成了很多人学习的榜样。

每一种宣传都可以像其他的宣传一样占有一席之地，但只有那种明确的表达才能取得成倍的效应。二者的区别是巨大的。如果有一样东西值得宣传，那就一定要设法让它给人留下最深刻的印象。

所有这些效应都必须进行研究。纸面推销术的投入是很大的，你用的每一个词可能都要花费 10 美元。推销员讲话漫无边际倒无关紧要，但如果你花费巨资诉求于成百万的人，你的承诺的分量就很重要。

泛泛之谈绝对不会产生什么作用。它就像在说："你身体还好吗？"而你实际并不真的想问对方他的身体如何。但是，如果在平面广告中能进行明确具体的说明，产品的价值自然会展现出来。

8. 讲述完整的故事

无论你用什么承诺去引起别人的注意，广告都应该讲述一个比较完整的故事。如果你注意这些承诺的实际效果，你会发现有一些诉求点远比别的更有说服力。但在一般情况下，有多个诉求点就会对更大一部分人有吸引力，因此，你就要在针对那部分人的每一个广告中表现所有这些诉求点。

有些广告主为了简洁，一次只表现一个诉求点，或者创作一个系列的广告，每一篇表现一个主题。没有比这更傻的了，这种系列是很难彼此相连的。

一旦你引起了某个人的注意，那就要利用这个机会实现你对他的所有期望。把所有的好论点都灌输给他，要涉及主题的各个方面。这个事实能说服这部分人，而另一个事实能说服其他一些人。省略了任何一个事实，就会失去说服某一部分人的机会。

对任何一种产品，人们都不习惯阅读连续性的广告。这会比他们把一篇新闻报道或故事看上两遍的概率还要小。人们只需看一遍广告，就可以决定是否接受广告的诉求，根本不会看第二遍。所以，一旦你抓住了读者，就要把你所有重要的诉求点表现给他看。

最好的广告主就是这样做的，他们通过测试研究其广告的诉求点，比较不同标题的效果。慢慢地，他们累积了一套可用的重要诉求点，所有这些诉求都会出现在随后的每一条广告上。

对于读过大量广告的人来说，这些广告显得有点枯燥无味，故事情节也总是老样子。但是我们必须认识到，普通的读者很可能只会做一回你的广告读者。如果你在那条广告里遗漏掉了什么重要的内容，他以后也可能就再也没有机会知道了。

有的广告主甚至从不会更改他的广告，同一份邮购广告经常会年复一年地发布下去，收益却没有发生递减。一些大众性的广告也是这样，它们都是完美的广告，用最好的方式包容了一个产品需要表达的所有诉求点。广告主不指望读者读第二遍，它们的连续收益来自争取新的顾客。

在每一条广告里，唯一需要考虑的是如何争取新的消费者。使用你的产品的人不会再去读你的广告，他们已经读过了，而且也做了决定。你可以整月整月地做广告，告诉用户他们现在使用的产品是毒药，但他们永远也不会知道。所以，不要为了表现一些东西给现有的客户看而浪费你的版面，哪怕一行也不行，除非你在标题里就可以说清楚。你要永远记住，你面对的潜在消费对象还没争取过来呢。

任何阅读你的广告的读者都是对你有兴趣的，否则他才不会成为你的读者呢。你面对的是一些愿意倾听的人，那么就尽力而为吧。如果你现在没吸引住他，他就永远也不会成为你的广告读者了。

广告主就像一个身在忙碌的办公室里的推销员，他可能一次又一次地想进到那间房子里去，也有可能会被永远拒之门外。现在他只有一次进去说话的机会，所以必须充分利用这个机会。

这又引出关于简洁的问题。关于广告，你听到的最多的说法是人们不会读太多的东西。尽管如此，大量优秀的广告显示，人们还是读了很多。然后，他们还有可能会写信来要更多的信息。

在简洁这个问题上没有固定的教条。像口香糖类产品，可能用一句话就可以讲述一个完整故事，麦乳类产品可能也是这样。但是，无论是长是短，广告故事一定要完整。

某位先生很想要一部私家车，他对价格并不在乎。他想要一部能让他自豪的车，否则他觉得自己永远也不会把它开出去。可他又是一个精明的商人，他希望自己的钱花得物有所值。

他倾向于要一辆劳斯莱斯车，当然也考虑过“利箭”（Pierce Arrow）牌轿车和“洛克莫比尔”（Locomobile），或其他的牌子。但是这些名车并没有给他什么信息，它们的广告都非常简短。很明显，制造商们觉得夸耀自己的相对优势有点低三下四的味道。

与之相反，“马蒙”（Marmon）车讲述了一个完整的故事。这位先生读了很多关于它的书和文章，于是他买了一辆“马蒙”车，而且从未后悔。后来他得知了另外一种车，价格是现在这辆车的 3 倍。要是他当初知道那种车，他也很可能会掏钱买下来。

在汽车类产品的广告中，如果只是强调名称，再加上一些泛泛之谈，实在有些愚蠢。一辆车很可能是一生的大投资，是一项重要的开支。如果一个人有意买车，他会读很多关于车的东西，只要这些东西能引起他的兴趣。

所有的产品也都是如此。若一位主妇已经多年习惯使用某种品牌的早餐食品、牙膏或肥皂，如果你想让她用另一种，将会很困难。如果你不相信，那你就去找她，面对面地劝她改主意。你要做的是使她不仅仅为了让你高兴而买下第一包产品，而是要让她真的使用你所推荐的品牌。如果有人能在站在家庭主妇的门前做推销时做到这一点，他就不会再坚持广告一定要简短。他不会再说“说一句就够了”，也不会在广告中仅仅说一个名称、一个诉求点或做自高自大的吹嘘。

那些对自己的广告的效果进行过跟踪调查的人也不会这样说。请注意，语焉不详的广告根本不必进行调查，因为我们可以预见它不会有很好的效果。每一条被跟踪调查的广告都有完整的意思，尽管它要用很大的篇幅来表述。

永远不要被那些未经求证的广告所吸引。永远不要因为一些不知情的广告主说那是对的，你就去那么做。不要让瞎子牵着你去走一条全新的道路。**把公认的原则应用到你的广告中去。不要听信任何人的意见，屈从他们的主观判断，也许他们根本不了解自己广告的效果。**

9. 广告中的美术

在广告中使用图片，费用是很高的，因为好的美术作品不仅本身的成本很高，而且它占用版面的成本也很高。一条广告的成功，其将近一半的功夫就在于图片的魅力。

任何昂贵的东西都应该有实际效果，否则它就是浪费。所以，研究广告中的美术表现具有非常重要的意义。

不应该只是因为图片有趣就使用它们，也不应该为了吸引别人的注意或为了装饰广告而使用。我们已经谈过这个问题，广告的目的不是为了让别人觉得有趣、为了取悦他人或者为了娱乐。你并不是为了取悦大众而创作，而是围绕着一个严肃的主题——花钱消费。你针对的对象只是经过筛选的少数人。

图片只应该用来吸引那些能让你获得利润的人，只应该在用同样大小的版面、但其诉求力超过文字描述时才使用。

就像前面曾经说过的，邮购广告主在图片使用上已经形成了一套科学的方法。有的使用大幅图片，有的使用小幅图片，有的完全不用图片。值得注意的是，他们没有一个使用成本很高的美术作品。可以肯定的是，所有这些图片都是因为其效果明显才被使用。

任何其他的广告主也应该坚持同样的原则。如果没有哪种现成的方法适合他的产品，他就应该通过试验努力探索出一种自己的方法，花一大笔钱做一场前途未卜的冒险当然很不明智。

在很多产品的广告中，图片已经成为广告的一个主要要素。这里我们略去那些本身就应该出照片的产品不谈。有一些产品，像“箭牌”（Arrow Collars）领饰和服装广告，图片已经证明它们自己很有说服力。它们不仅展示了领饰或服装，而且展示了那些让人羡慕的潇洒男人，展示了他们身边一切让人垂涎的东西。这些图片巧妙地暗示了这些服装有助于男人取得他们想要的地位。

函授学校也是一样，它们的广告是根据调查结果设计的。那些身居高位的人或正在取得成功的人的照片，全都构成了很有说服力的论据。

美容产品也是这样，拍摄那些漂亮的女人、那些魅力十足让人仰慕的女人，可以产生一种强烈的诱惑。如果能再加上一个被迷倒的男子，效果会更好。女人渴望美貌，很大程度上是为了男人。因此，要向她们展示如何利用美貌获得最大限度的影响力，就像她们在实际生活中所做的那样。

广告图片不能离奇怪诞，不能漫不经心地对待你的诉求对象。不要为了某些轻浮的尝试而降低对你或对你的产品的尊重，人们不会惠顾一个小丑。有两件事绝对不能拿来开玩笑，一个是生意，一个是家庭。

怪诞的图片可能会对你造成很大的损害。一个人可以戴上一顶小丑的帽子吸引别人的注意，但这也会破坏其产品未来的销售前景。

而且怪诞或独出心裁的图片还会分散人们对主题的注意，你负担不起这样的损失。你的主要诉求点在于你的标题，如果图片喧宾夺主，就相当于扼杀了这个标题。不要为了争取广泛而无用的注目而牺牲掉你真正想要的注意。

不要模仿那些穿着古怪的推销员。他所面对的那一小部分人通常不是好顾客，绝大多数稳健而质朴的人会非常反感。当你寻求信任感和说服力的时候，一定要保持一种正常的姿态。

这样笼统的原则并不适用于所有的图片，大多数原则都会有例外，都需要进行个别的研究。

但是，图片必须有助于销售商品。与其他占同样篇幅的表现手法相比，它应该更有帮助，否则你就应该采用别的手法了。

很多图片能比文字更好地表述故事。在膨胀谷物的广告中，谷粒的图片显得更为有效，它们激发了好奇心。在那个案例里，图片对那些谷物的宣传效果是难以用数字比较说明的。

但有些图片完全是一种损失，我们看到过很多这类案例。了解图片效果的唯一方法——其他问题也一样，就是比较结果。

如何看待美术作品，其中有很多争议。对此，我们在引述过程中不会加入个人的意见。根据被宣传的产品的不同，似乎存在着正反两方面的答案。

使用精美的图片是不是比使用普通图片能够得到更好的回报？有些广告主为每幅图片支付的价钱高达 2 000 美元。他们觉得版面费用很贵，相比之下，图片的成本并不高。他们考虑的是如何得到广告投入的最大效益。

也有些人说很少有人受过艺术教育，具有艺术鉴赏力的人只是一小部分，不值得考虑。他们提出了自己的观点，并且以极少的代价充分表明了自己的观点。邮购广告主多半就属于这类人。

这个问题只是一时之争。好的艺术作品当然比平庸的作品更有生命力，而创作广告的成本相比刊登广告的成本来说非常小。

是不是每一幅广告都应该有一幅新图片呢？或者图片应该重复呢？这两种观点都有许多拥护者。重复性很有可能是一种经济上的考虑。我们总是期待着新的顾客，他们未必记得我们以前曾经用过的某张图片。即使他们记得，做一些重复也没有害处。

彩色照片会比黑白照片的效果更好吗？根据我们至今取得的经验来看，并不总是这样。某些装在盘子里的食品采用彩色照片看起来要漂亮得多。对某些食品，像柑橘点心等产品的广告测试表明，彩色照片确实有效，彩色照片相当于把产品做了真实的展示。

但是，如果采用彩色照片的目的是为了愉悦他人或吸引别人的注意，它就和我们使用的其他任何手段没有什么区别。它也许能吸引非常多的人，但是并不能保证被吸引的每一个人都真正地倾听它的诉求。

在这方面，基本规律仍然起作用。不要仅仅为了引起别人的兴趣、愉悦或吸引他们就去做某件事，这不是你该管的事。**要以最简单可行和最低成本的办法赢得你所追求的人，只有这样的事才能做。**

不过，这些都是小问题。它们只是一种经济上的计算，并不会对某次广告活动的效果产生重大影响。

你做的一些事有可能事倍功半，而另一些事则可能事半功倍。与基本原则相比，减少成本算不了什么。这个人可能在小草屋里做生意，那个人可能在宫殿里做生意，这并没有太大的关系，重要的是，谁有能力取得最大的回报。

10. 昂贵的因素

很多在广告上原本可行的事情因为代价太高而无法尝试。这也是每一个项目和方法都必须经过评估并根据已知的投入产出标准进行判断的原因之一。

改变人们的习惯是非常昂贵的，涉及此类问题的项目应该慎重考虑。要想把剃须皂卖给俄国的农民，首先就要改变他们蓄须的习惯，成本会是巨大的。尽管如此，还是有无数的广告主想做这种几乎不可能的事，就是因为对这类问题没有仔细考虑，广告的回报无法计算。

例如，一位牙膏广告主可能会用很大的篇幅和金钱教育人们要刷牙。我们所知的测试表明，每发展一个这样的顾客，可能要花费20 ~ 50美元。工作难做还是次要的，关键是大量的广告只传递给了现有的顾客。

当然，这样的代价是不可思议的，他可能做一辈子的销售也收不回这样做的成本。通过试验了解到这样的事实后，制造商就不会挖空心思去教育人们培养刷牙的习惯。一件花很多钱都无法赚钱的事情，更别说想用较少的预算去实现了。所以任何一条广告都不会指向这个目标。这位制造商借助每一个主题明确的广告不断调整方向，最终取得了非常巨大的成功。

另一位牙膏制造商花了很多钱鼓励顾客使用牙刷。这个项目值得称赞，但却并没为他带来什么收益，他所创造的新机会被其竞争对手瓜分了，他还对自己的销售增长幅度与支出一点不成比例感到纳闷。

有一次，一位广告主花了很多钱教育人们吃燕麦，效果微乎其微。所有的人都知道燕麦，很久以来人们就知道这是一种儿童食品，医生也一直都是这样世世代代宣传的。因此，那些不吃燕麦的人很难再被说动，他们的反对可能是广告主难以逾越的障碍。不管怎么说，即便有所回报，代价也太大了。

有很多广告主知道这样的事情，并且承认这样的道理。他们不会把整个广告活动都用在这类不可能实现的项目上，但还是要用一定的篇幅做这样的诉求。其愚蠢程度不亚于五十步笑百步，这不是好的经商之道。

没有哪个柑橘种植者或葡萄种植者会试图提高这些水果的总消费量，因为这样做的成本可能会是他从中得到的部分收益的一千倍。但是几千个生产商们凑在一起便可以提高这种或其他水果的总消费量，这里蕴涵着很大的广告发展机会。很多食品种类的总体消费水平可以得到提高，从而带来巨大的收益，但这必须在广泛合作的基础上才能做到。

没有哪个广告主有能力支付教育人们使用维生素或杀菌剂的费用，这应该是医学权威们通过无数的刊登于免费版面的文章做的事。而在面向已经经过教育的顾客，满足他们由此而产生的需求方面，很多人已经取得了巨大的成功。

最聪明的办法是观察流行趋势的发展，发现被创造出来的新需求。然后，在适当的时机提供服务，满足这些需求。酵母类产品和许多消毒剂都这样做过。每一年的流行时尚或趋势都会带出很多新生事物，你可以在它们身上一试身手。但若是创造这种流行时尚、口味和影响力供所有同行分享，情形就完全不同了。

我们知道有些东西有可能卖给全国一半的家庭，比如达氏消毒液（Dakin-fluid germicide），可是每家的消费量可能很低，一小瓶可以用好几年，而每瓶只需让顾客花费 1.5 美元。从每一位顾客身上得到的收益 10 年也抵不上为争取他们而付出的代价。

单一产品的邮购广告，无论它如何受欢迎，单位成本都很少在 2.5 美元以下。我们可以合理推测，通过经销商销售类似产品，成本也会差不多。在我们每次销售单一产品时，就要考虑这个问题。也许一个顾客会带来另一个，但若调查显示广告效果与邮购广告类似，现在的很多广告就都会被否决掉。

代价高昂的错误是由于盲目地按照某种错误的概念行事造成的。比如有一种产品，它可能会有许多功能，其中之一是防止疾病。而预防不是一个受公众重视的主题，尽管它应该是。人们通常宁可费很多力气去解决麻烦，却很少会采取什么措施来防止这些麻烦的发生，过去发生的很多挫折可以证明这一点。

某人可能会花不少钱来宣传预防的重要性，而用同样的钱做其他诉求则可能带来好几倍的销售额。强调某个诉求点的标题可能比强调另一个诉求点的标题效果高 10 倍。广告主只有认识到这一点，才不会在歧途上走得太远。

某种牙膏的功能可能是预防蛀牙，它也可以使牙齿更美丽。但实验很可能会证明，后一种诉求会比前一种诉求强有力得多。最成功的牙膏广告主从来不在他的标题中突出某种牙病，实验证明这会让人很不愉快。但其他一些同行却突出表现了这一诉求，究其原因，是因为他们不了解、也不比较广告的效果。

有一种肥皂可以治疗湿疹，也可以美白皮肤。针对湿疹的宣传可能只对百分之一的人有意义，而关于美容的宣传几乎对所有的人都有意义，提到湿疹甚至都可能会伤害到对其美容功能的宣传。

有个人有一种治哮喘的药方。他已经靠卖这种药方大获其利，他以为这下可以好好地广告一番了。在这方面，我们没有统计数据，我们不知道有多少人有哮喘病。上门推销的小贩可能会发现那不过是百分之一。要是这样，他必须要先找到100个与他无关的读者之后，才能够到达那个他真正想找到的人。与那些在5个人中找一个诉求对象的产品相比，他的代价可能就会是别人的20倍。这样超额的代价很可能意味着灾难。因此，每一个新的广告主都必须进行相关的咨询，任何一个对广告真正有兴趣的人，都不会建议他做这样的冒险。

有些宣传也许不会受到普遍的欢迎，不值得在大众中进行推广，但仍然值得考虑，因为它们对一定数量的人仍有影响，比如你的四分之一的潜在顾客。可以考虑在你一部分的广告标题中强调这些优势，也许在所有的广告中都应该有所表现，但这种事情是不能靠猜测的。它们应该由实际情况来决定，一般可以通过调查来做判断。

这一节与其他的章节一样，指明了为什么了解效果是那么重要。科学的广告离不开这种了解，安全的广告也是这样。想获得最大利润的广告也必须是这样。

在这一行里，在黑暗中摸索付出的代价可能已经可以偿清国债了。这种事已经造成了广告业中的很多悲剧，它使许多本来可以在这一行中发财的人饱受挫折。而知识的曙光正在推动广告业进入新的时代。

11. 信　息

广告创意人员要想赢得成功的机会，就必须全面了解自己的创意对象。广告代理公司的资料室里应该有每种值得研究的产品的资料。一个不辞辛苦的广告人常常会为了解决一个问题而花上几个星期的时间查阅资料，做案头工作。

也许广告创意人员翻了很多书，也找不到几条有用的信息，但有时一条信息就可以成为打开成功之门的钥匙。

我刚刚读完大量的资料，都是关于咖啡的药学及其他方面的知识。这是为了替一种不含咖啡因的咖啡做广告。在我看过的成千份科学论文中，只有一篇文章对我的这次广告活动有启示。事实证明，咖啡因在饮用后两小时产生刺激作用，所以人们从咖啡中寻求到的那种立竿见影的兴奋作用并不是来源于咖啡因，剔除咖啡因并不会丢失喝咖啡产生的快感，也不会改变咖啡的香浓美味，因为咖啡因既没有滋味也没有气味。

无咖啡因咖啡已经做过很多年广告了，人们把它当做是一种近似啤酒的东西。经过好几个星期的阅读研究，我们才找到了一条让它充满希望的道路。

为了宣传一种牙膏，笔者也从故纸堆中查阅了大量枯燥乏味的科学读物。在其中一本书里，我找到了一个点子。这个点子为那个牙膏生产商带来成百万的收入，也使那场广告活动成了广告业中的一个成功典范。

天才的表现来自对艰苦工作的承受。一个广告人如果不能卧薪尝胆地苦读，他永远都不会有什么进步。

有一次，在为一种食品做广告之前，我们雇了 130 个人用几个星期的时间调查各个阶层的消费者。

在另一种产品上，我们向 12 000 名医生发了信。我们经常给成千上万的人们发送各种问卷，从中了解顾客的观点。

有一位年薪 25 000 美元的广告人在为乙炔汽油销售点做广告之前，用了好几个星期的时间从一个农场跑到另一个农场进行调查，而另一个人则是坐着拖拉机完成了这个调查。

在为一种剃须膏做广告之前，我们访问了上千位男士，希望了解他们最想从剃须膏中得到什么。

为了做猪肉和大豆广告，我们对上千个家庭做过上门试销调查。在此之前，所有的猪肉和大豆广告还都是按“买我的品牌吧”这一思路做广告。这次试销调查表明，只有 4% 的人吃罐装猪肉和大豆，96% 的人自己在家烹制猪肉大豆。

问题不在于销售某特定品牌的猪肉大豆，任何这样的尝试都只能打动 4% 的人。正确的诉求是要将人们从在家烹制大豆的习惯中争取过来，该产品广告如果不了解这一点，肯定会失败，而把握了这一关键问题，就获得了巨大的成功。

我们不仅对家庭进行了上门试销调查，针对经销商也做了同样的工作。由此，我们对竞争状况进行了评估。

每一个同类产品的特点和宣传手段都在我们的视野之内，这样从一开始就可以准确了解我们的竞争对手在做什么。

资料部门应该备受重视，他们的人将所有与我们主题相关的文章搜集起来，提供给那些创作广告的人。

所有来自顾客或经销商的意见和建议也应该交到创意人员的桌上。

了解某种产品总体上的消费情况也很有必要。我们必须知道一个顾客一年花多少钱在这种产品上，否则我们不会知道这些顾客是否值得花那么大代价去争取。

我们必须知道总的消费量，否则我们的花费就有可能超过实际需要。

我们必须知道我们的诉求对象在所有人中占了多大的比例，必须经常按顾客类别搜集这方面的情况，这种比例在农村和城市各有不同。广告成本在很大程度上取决于无效受众所占的比例。

因此，广告活动通常是由大量的数据推动的，甚至一个试验性的广告也是这样，因为有效的试验也是要以大量的工作和时间为代价的。

科学家经常会被请来证明或是证伪某个不确定的承诺，如果广告主得到大家的信赖，他就可以使自己的承诺给人留下很深的印象。如果他的话是真的，这些话就可以成为广告中的主要部分；如果不是真的，这些话则可能让广告主自食其果，遭到好媒体的排斥。我印象很深的是，有广告主多年来一直在宣传某一信息，最后这个信息却被证明是错的。

让人印象深刻的承诺如果准确的话，会让人更印象深刻。所以，为了得到实际的数字，人们做了很多的实验。例如，人们知道某一种饮料有很高的营养价值，但这个简单的论点不会有什么说服力，于是我们把这种饮料送到实验室去，发现它每品脱[①]含425卡路里，而且一品脱该饮料相当于6只鸡蛋所含的营养成分。若将这一发现宣传出去就可以让人印象更深刻了。

在每一种与科学细节相关的产品中，都会有专职的人来负责审察。**无论怎样广泛地了解信息，广告创作者都有可能从事实中得出错误的推断，所以要有一个权威人士来检查每一条广告。**

不了解情况的人可能会感到惊讶，在一条广告中居然包含着如此多的工作，有时甚至是好几个星期的工作。广告看起来是那么简单，而且为了吸引简单的人们，它也必须简洁明了。但是在这条广告的背后，很可能是大量的数据、大量的信息和好几个月的调查研究。

所以，**广告业不是懒人待的地方。**

① 一品脱=0.568升。——译者注

12. 战　略

做广告很像打仗，只是没有你死我活。如果你愿意，你也可以说像是在下棋。在“广告战”中，我们也经常要攻城略地，去争夺别人的生意。

我们必须具备一定的技巧和知识，我们必须训练有素、经验丰富，我们必须要有合适的武器弹药，而且要足量。我们从不敢低估对手。智囊团是我们制胜的关键因素，就像我们在前一节讲到的那样。也像另一章讲到的那样，我们需要与经销商结盟。我们还需要最有效的策略，使我们的力量得到成倍的发挥。

有时，在新的广告活动中会出现命名的问题，这可能是最重要的问题。正确的名称本身往往就是一条广告，可以叙述一个相当完整的故事，比如“细面条”、“麦乳”、“爆米花”、“绿薄荷口香糖”、“棕榈橄榄香皂”。

好名称具有很大的优势，名称通常是一种开门见山的展示。实践证明，很多名称本身就是成功的最主要的因素，而另一些名称却具有明显的劣势——比如“烤玉米花”（Toasted Corn Flakes），一个人培养出的这种市场需求，完全可能被一大堆人分享。

许多没有实际意义的著名品牌也能够成功，柯达、卡罗（Karo）、马自达等都是这样的例子。它们都是独一无二的，给它们起名字的广告主从不会让别人分享他的优势。一个有助于留下深刻印象的名称当然是一种巨大的优势，一个能讲故事的名称价值万金。所以，在选择名称之前，常常需要进行大量的调查。

有时产品的价格也必须经过选择。高昂的价格会遭到消费者的抵制，会让广告的活动范围受限制，获得超额利润的成本会比得到的利润高很多。

众所周知，巨大的利润是通过薄利多销实现的。金宝汤（Campbell's Soups）、棕榈橄榄香皂、卡罗糖浆以及福特轿车，都是很明显的例子。如果一种价格只能被一小部分顾客接受（比如10%的人），那产品的销售成本就会成倍地增加。

但是在有些产品上，价格高低并不重要，高额利润是这类产品的特点。每个顾客购买这些产品的数量都不会大。比如，人们不会在乎自己花多少钱买一种治鸡眼的药，因为用得很少。制造商必须要有较高的毛利率才能维持正常的生产，因为这样的产品消费量较小。

而对某些产品来说，较高的价格甚至可能正是其诱人之处。这类产品的价值在很大程度上是按照价格来判断的。这种产品的成本比普通产品高，人们就认为它比普通产品更好。所以，价格是一个非常重要的战略因素。

竞争也必须纳入考虑范围。你会面对哪些挑战？它们在价格、质量或宣传诉求上比你有什么优势？你要与他们争夺什么生意？在你获得这些生意后如何保持你的生意？

你的竞争对手抵抗能力有多强？在某些领域可能近乎无懈可击，他们建立了商业规则或传统，生产符合消费者需求的产品种类。现有的制造商严密地控制着某一个领域，别的人很难有机会再打进去。它们拥有规模和利润，可以应对激烈的竞争。

这些领域也经常遭到“入侵”，但这种“入侵”是通过明显的优势或非常出色的纸面推销手段来进行的。

打入其他产品的市场也不会容易多少。就拿一种新的剃须膏来说，几乎每个潜在消费者都在使用其某个竞争对手的产品，而且他们中的大多数人也都对此相当满意，许多人已经习以为常了。要把他们从固有偏好中争取过来，诉求必须足够强烈。

要取得这样的成功不能靠偶然的行动，不能把顾客看做是没有任何差异的一群人，不能在人们的偏好问题上胡乱出手。对于那些正在使用竞争品牌的顾客，我们必须考虑他们的个性和典型性。比如有个开普尔曼汽车的顾客使用他喜欢的那种牌子的剃须膏。面对他，你需要怎样说才能把他争取过来？我们不可能在尝试向几千人推销之后才知道如何对一个人做推销。

制造商也许会说，他的产品其实没有什么特点。他在生产一种好产品，不过和别人的也差不多。他理应从市场中分一杯羹，但他又拿不出独特的事实吸引人们。其实，我们几乎总能找到一些给人留下深刻印象，而其他人又没有提到过的事实。我们必须发现它们，我们必须有一种明显的优势，人们不会毫无理由地改变自己的习惯。

这就出现了被取代的问题，以及如何解决替代品的问题。经常会有制造商的生意被别人抢走，这一点必须在最初的计划中加以考虑。制造商必须要有远见，能预见会发生什么事，而且他要有足够的智慧预先建立起自己的壁垒。

就某些产品而言，一些先行者创造了巨大的需求。但是，由于他们在创业过程中的一些失误，又丧失了很多应有的收获。比如，他们的品牌本是唯一的品牌，本来可以成为垄断性的产品，但他们丧失了这种地位。

凡士林就是一个例子。这种产品创造了一种新的需求，在初始阶段，通过精明的经营活动，它几乎取得了垄断地位。如果当初把它命名为类似“石油膏脂”这样的名字，也许结果会相差十万八千里。

杰里奥（Jell—O）、珀斯图（Postum）、维克托拉（Victrola）、柯达等，都建立起了杰出的品牌，成为这个行业的产品象征。有些这样的名词被收入词典，这些杰出而又独特的名词家喻户晓。

而皇家发酵粉（Royal Baking Powder）、烤玉米花则是相反的例子，它们在开创市场的时候，给替代产品留下了很多可以进入的空间。霍利克麦乳精（Horlick’s Malted Milk）也是这样。

经销商的想法也必须多加考虑。现在，一些新的趋势慢慢在增长，比如限制产品种类，避免产品重复，减少库存。如果你的产品也采取这种战略，经销商会怎么看？如果出现了竞争对手，如何战胜他们？

分销问题很重要，而且也最容易出问题。如果一个产品没有几个经销商愿意经营，做广告只会是一种浪费弹药的做法。这个问题我们在另外的章节再讨论。

这些问题是一个广告人必须解决的问题，这也是广告人要有丰富的经验的原因。因为如果忽视了其中的一点，就有可能让客户最终付出几百万美元的代价，一个战略错误便可能葬送成功。用这种方法有时会事半功倍，而换另外一种方法则正相反。

不加准备就做的广告，就像未加利用的瀑布，声势可能很大，但不会造成什么效果。我们必须集中力量，指向可行的路径。

广告通常看起来很简单，成千上万的人宣称自己有能力做好它，而且人们也广泛地相信有很多人能做好它。结果是，很多广告成了一时兴起的产物。可是真正了解这个行当的人知道，这其中的问题就像修建一座摩天大楼会遇到的问题一样，既多且重。而且，很多问题是基础性的。

13. 试用品的运用

产品本身就应该是自己最好的推销员。我不是指单纯的产品，还包括产品给人的印象以及它所营造的氛围。由此，派发试用品就具有了重要的意义。无论要花多少钱，总体评估下来，这还是最低廉的销售手段。推销员怎么可能像广告主那样，不带他的试用品包就出发呢?

派发试用品的做法并不仅仅应用在像食品和专利药品这样的小东西上，它们几乎适用于一切产品。我们派发过衣服，现在也在派发唱片。

试用品具有多种颇有价值的用途。它们可以让人在广告中使用“免费”一词，而这个词可以招徕成倍的读者。对任何赠送的礼物，绝大多数人都会产生兴趣。我们的试验经常表明，试用品本身的作用相当明显，甚至超上其自身份值好几倍，因为它可以在不增加额外版面费用的情况下使广告的读者成倍增长。

一份试用品就能促使消费者做出购买决定。读者未必相信你的广告所说的购买理由，但是对你提供的产品他愿意知道更多。所以他会剪下优惠券，把它放在一边，以后把它寄出去或去商店兑现。如果没有优惠券，他会很快忘记这件事。

接着，你就有了这位对你的产品有兴趣的顾客的名字和地址，于是你就可以给他提供更多的信息，有机会说服他使用你的产品，进而真正赢得他的惠顾。

这位读者也有可能在6个月内再不会读你的广告，印象也可能会慢慢减弱。但是当试用品促使他给你写信的时候，你就有机会动员他，尽力争取达到你的目标。从避免浪费的角度上说，试用品本身就收回了对它的投资。

有时候赠送的试用品量太小，无法看出效果。在这种情况下，我们可以向经销商订购一整包产品，让顾客在任何商店里使用一张优惠券就可以兑换一整包产品。这样可以留给顾客更长的试用期。

你会说这样做费用太高了。可是引起某个潜在顾客的兴趣的代价不也是很大吗？要让一个潜在消费者产生兴趣，让他写信跟你要一份试用品，你需要付出50美分的成本，再加15美分就可以使这个兴趣真正有价值，不要因为这15美分就止步不前。

派发试用品取得的另一种回报是为你的广告找到主题。它们可以记录你的广告所激发的兴趣。这样你可以比较每一种广告、每一个标题、每一个计划、每一种手段。

对每一个产品来说，这种做法都意味着巨大的节约。即使最聪明的人、最有经验的人，也无法说出文案中什么东西的诉求能力最强。没有明确的主题方向，你的收获就要付出成本双倍的代价。我们知道有些产品的广告成本可能是同类产品的10倍。派发试用品可以让你自己进行准确的核查，从而可以收回相当于投资好几倍的效益。

同样，试用品派发可以让消费者了解他们可以从哪里获得供应。在你建立起广泛的分销网之前，这一点非常重要。

很多广告主由于太斤斤计较而遭受了很大损失。他们害怕付出，或者说他们只想着省钱。因此他们要消费者先支付 10 美分订一个试用品，或是预备一两张邮票。为了这一角钱，他们最终的成本可能从 40 美分涨到 1 美元。也就是说，这笔钱有可能被加在回复的成本上。但值得注意的是，有很多广告主宁愿支付这笔额外的代价，也不愿提供免费的试用品。

在试用品上注明价格会对回复造成很大的负面影响，而且还会使你在广告上所使用的“免费”字样大打折扣。而“免费”这个词，就像我们曾经提到过的那样，一般来说会带来比你的试用品价值更多的回报。

基于同样的原因，有些广告主说“买一送一”，或发行购物券抵偿部分产品价格。任何回复调查都会清楚地证明，这样的推销不会有什么效果。如果潜在顾客还没有准备好换用你的产品，以半价把你的产品卖给他和以全价把产品销售给他差不多一样难。

你一定要记住，你是推销员，你是那个激发别人兴趣的人，那么就要让利益显而易见。不要让你的潜在顾客为你的推销努力支付费用，否则 3/4 的人会拒绝付钱，也许是 9/10。

不同产品的试用品索取成本有所不同，取决于你的诉求范围。有些东西能吸引所有的人，有些只能吸引一小部分人。大纽约区有家报纸，有一期引来了 146 万份回复信函索取一种罐装炼乳的试用品；有一种巧克力饮料，1/5 的优惠券都得到了兑现；而另外一种使用不那么广泛的产品，其兑现的比例可能只是上面的例子的几分之一。

不过，索取试用品的成本通常也都不小，需要加以重视，千万不要忽视它们。对那些你已经卖出去一半的产品，也不要吝啬试用品的发放。每一份索取都意味着有一位潜在顾客读了你的广告并产生了兴趣，他或她愿意试用你的产品，愿意了解更多的情况。就当这个顾客是站在你的面前，你该怎么做就怎么做吧。

索取试用品的成本很大程度上取决于这种索取是怎样传递给你

的。请别人把优惠券寄回来，这种方式回复最少。如果这种优惠券在商店里就能兑换一个试用品，回复率通常会是前一种方式的四倍。

我眼前有一个案例。通过邮寄收回的试用品索取函，平均每份成本是70美分。而如果说明这份优惠券可以在当地的商店兑付，其平均每份试用品索取的成本在18 ~ 22美分之间。

大多数人不怎么写信，写信是一件费力的事。或许他们家里没有邮票，而大多数人宁愿花钱坐车去取一份试用品而不愿贴上一张两分钱的邮票。因此，只要有可能，最好的方法是就地供应试用品。

有一种产品给顾客提供了3种索取试用品的方法：或写信要一份试用品，或打电话，或向商店里索取，结果70%的索取来自电话。用电话比用邮票更普遍、更方便。

有时候，不可能向所有的经销商提供试用品，那么我们可以引导人们去一些商业中心领取。这些商店也愿意有更多顾客光临，而其他的经销商一般也不会反对，只要他们还保留在销售大盘子中。

让这些经销商把优惠券尽快返给你，这很重要。这样你就可以在消费者兴趣还很浓厚的时候尽快地采取行动。

据说有些人会不断索取和使用试用品，在某种程度上也确实有人如此。但是重复使用的人只是一小部分，你应该把他们计入你的成本中。

对女人们说“一户只派发一份试用品”，很少有人会再去要第二份试用品，而那几个欺骗你的人一般并不是花钱买产品的人。所以你并不会因此损失顾客，不过是一点试用品而已。

对于很多产品，我们长期免费供应整包试用品，这些产品的价格从10美分一包到50美分一包不等。在几个特定地区，我们有一次调查了重复使用优惠券者的情况，发现这样的重复索取给我们造成的损失比我们的调查费用低得多。

有一些产品的试用品常常会被孩子们浪费掉，而他们还总是抢着要试用品。针对这种情况，你就要在你的优惠券上注明：“只给大人。”

孩子们不会去兑付这些优惠券，也很少会把它们寄出来。

不过，在发行那种可以在任何商店里换取常规整包装试用品的优惠券时，你一定要小心。有些人，甚至一些经销商，会买下很多报纸。所以，我们事先不预告提供这种优惠券的时间，而且我们把它们夹在星期天的报纸里，这样人们就不大可能一下子买很多。

但是我们并不主张毫无选择地发放试用品。派送上门的试用品，如果像流浪的野猫一样趴在门阶上，永远都不会有结果。很多优惠券根本到不了家庭主妇的手里；即使主妇们拿到了，也不会对它们有什么偏爱。这样的产品太让人看轻了，这种介绍方式不恰当。

在商店里做展示也是如此，总有一种方法可以有效地降低成本而获得同样的结果。

很多广告主不懂得这一点，他们把成千上万的试用品送到经销商手中，任由他们送出去。要是对成本和收益做一个跟踪调查，这些广告主会瞠目结舌的。

只把试用品送给感兴趣的人，只把它们送给那些用某种方式表达了自己兴趣的人，只把它们送给那些对你的宣传有所了解的人。首先要创造一种引起他们的重视、需求和期待的气氛。当人们处在这种情绪中时，你的试用品可以使他们确信你所承诺的产品质量。

这里，衡量每一个顾客的成本的做法又一次显示出了它的优势，这是判断广告好坏的唯一方式。试用品有时候好像使广告的成本成倍增加，它们经常会比广告本身的成本还要高，但只要正确地应用它们，它们会是一种最低廉的争取顾客的手段。而这正是你所想要的。

反对试用品的说法通常是带有偏见的，说这种话的最有可能是那些希望广告主把所有广告费都花在印刷媒体广告上的广告代理商。可以用试验来回答这种说法，在一些城镇里使用试用品，在另一些城镇不使用试用品。我们发现，在那些试用品得到有效利用的地方，赢得顾客的成本降低了。

14. 建立销售渠道

很多广告主面临着建立销售渠道的问题。没有这种销售渠道，全国性广告是不可想象的。对一个企业来说，如果 90% 的人想换用它的产品但却不能找到它们，这家企业也是不可能赚钱的。

通过引发重复需求可以促使经销商采购这个企业的产品，但这种做法成本会非常高。凭一种销售力量来覆盖全国也是很难做到的事情。仅仅靠广告就让经销商储备一定量的一种不为人了解的产品，这并不是件容易的事。经销商们见过太多失败的努力，太多未兑现的承诺。

我们无法讨论建立销售渠道的所有方案，企业和产品有所不同，可采用的方法有很多。有些可以先通过邮寄订单的直销方式，直到市场需求量达到促使经销商批量采购货物的程度。

有些人通过派发试用品或给予其他好处与潜在的顾客建立关系，然后把他们介绍到某家有存货的经销商。

在保证销售的情况下，有些著名制造商能让一大部分经销商预先进他们的货。有些广告主把货物承包给渠道商，为分销商进货提供方便。有些广告主在他们的广告中指定专门的经销商，直至一般的经销商都进了他们的货为止。

在这个领域存在着无数的问题，成功的方法也有很多。但是它们中的大多数只适用于少数的案例，不值得我们用这样一本书来进行讨论。

我们在这里将讨论诉求面广而且重复销售的产品，如食品或专有产品。

通常我们从地方性广告入手，尽管杂志广告最适合这些产品。我们一个城镇一个城镇地建立分销渠道，然后再开始做全国性广告。

有时我们也会在广告中提到有存货的经销商的名字。若其他人也进了货，我们就把他们的名字也加上。在投放地方性广告时，如果我们指定了某些经销商，那么其他的经销商也会想办法加入进去。这样，通过在最初的几条广告上发布经销商的名字，我们往往可以争取到他们中的绝大多数加入进来。

无论你提到的经销商人数有多少，如果这条广告成功的话，其他人也会在很短的时间里进货，那时所有的经销商便都会经销你的产品。

前一章谈到的试用品派发方案有助于快速分销。通常试用品本身就可以收回在它上面的投资。

如果试用品派发在当地进行，优惠券上就应该提到当地商店的名字。这样，那些前去领取试用品的潜在顾客便可以知道，如果不能从更近的经销商那里购买的话，在哪些商店里能买得到，这样生意上就没有什么损失。

如果广告主收到了试用品索取的信息，就可以把索取顾客名录转给某一个经销商。等经销商那里慢慢积累了大量需求，他们就不得不进货来满足这种需求。

有时大多数商店都准备了试用品，但前提是这个商店有进货的需求。例如，一打产品附送一打试用品，然后，把索取试用品的顾客信息转给所有的商店，这样很快就可以形成广泛的经销网。经销商不愿意看到他们的顾客去找竞争对手，哪怕只是为了要一份试用品。

当一份优惠券可以在任何商店里换取一份常规整包装的试用品时，经销网的问题就变得简单了。把包含有优惠券的广告清样寄给经销商们作为一种凭证，向每一个经销商指出，他的很多顾客肯定会使用那种优惠券。每份优惠券都意味着现金销售，能实现全部的利润。头脑正常的经销商是不会让这些持优惠券的顾客绕过他们去找别人的。

提供免费产品的做法常常能以这种方式获得收益，这是一种成本低廉地建立广泛经销网的方法。

有些成功的广告主把这种方法推向全国。他们把优惠券广告夹在杂志里，每张优惠券可以在任何商店里换取一份常规包装的产品。广告主会预先将广告清样寄给经销商，还会附上一份将要刊登该广告的杂志的名单以及它们的发行量。

通过这种方法，制造商用一个星期就可以建成一个相当规模的全国性经销网。而只要这张优惠券广告一面世，就大功告成了。免费产品又一次证明它的成本与建立经销网的其他方法相比要节省得多，而且一开始就能使成千上万的用户使用他的产品。“棕榈橄榄”香皂和“膨化谷物”就是靠这种方法建立起经销网的。

区域性报纸有一半发行量流向外地，如果你只在当地的商店里提供试用品，这一半报纸可能就被浪费了。在你的广告里写上外地的人可以写信向你要一份试用品。他们写来信的时候，不要把试用品直接寄送过去，而应把试用品寄给当地的一家商店，让索取的人到那家商店去取。如果只寄一份试用品，就算顾客未来想使用你的产品，也不会知道到哪儿去买。但是如果有一个商店提供试用品，将来也就有可能满足顾客的需求。

通过这种做法，很多广告主没雇一个推销员就很快在全国建立起了经销网，而且费用比其他做法节省得多。

有些广告主在开始的时候会给每个经销商送一些产品作为礼物，也许这比丧失已经拥有的顾客好一些。但是，这样做成本高昂。那些免费的产品应该通过广告推销出去。把它们的成本计入你的销售价格，你会发现你每拥有一位经销商所付出的代价太高了。推销员完全可以把这一小批货以更低的成本推销出去，而且别的方法可能会更便宜。

把货物直接寄送给零售商的做法并没得到广泛认同，很多经销商对此很反感，而且回款也不太容易。任何不合商业惯例的做法都会让经销商瞧不起你。

对很多应用这种方法的产品来说，我所主张的方法是目前为止最好的方法。其他的产品必须使用不同的手段。这里要讨论的情况太多了，一本书无法完成这样的工作。

但是，在经销渠道建立起来之前，不要打广告。不要用太昂贵或太缓慢、太陈旧的方法建立经销网。坐失良机可能会使你在销售上付出巨大的代价，而且它会让雄心勃勃的竞争对手乘机跑到前面去。

去找那些拥有丰富经验的人，去找知道哪种方法最适合你的产品的人。

15. 试用活动

通过试用，几乎所有的问题都可以得到解答，而且廉价、迅速、准确。这也是解决问题应有的方式——不是围在一张桌子边争论。要把你的产品交给最终的评判者——你的产品的买主。

在每一个新项目上，都会出现如何把产品卖出去赚到钱的问题。你和你的朋友们可能会喜欢它，可大多数人不一定喜欢。有的竞争产品可能更受欢迎、更便宜，这些产品或许已经牢牢地确立了自己的地位，要把顾客从它们那里抢过来可要费不少工夫。

人们也可能会买你的产品，但不会重复购买。也许是这个产品太耐用，也许是它只对少数人才有吸引力，所以你的大部分广告都浪费掉了。

广告里有很多让人惊奇的事。一条让你嘲笑的广告也许会取得巨大的成功，而一条你看好的广告也许最后会一败涂地。所有这些都是因为喜好不同。我们谁也不可能完全了解不同消费者的欲望，因而也就难以对其形成一个完整统一的印象。

以前，广告主们凭一己之见做决策。少数人能撞上好运气，但大多数都失败了。这是广告业最痛苦的时期，在风气转变之前，就连那些成功的人也都快江郎才尽了。他们不知道每赢得一个顾客的成本是多少，能对每一个顾客产生了多少销售。销售成本可能要用很长的时间才能收回，而在大多数情况下可能永远也收不回来。

现在我们通过几千人来考察几百万人会怎么做。我们做一个小小的试验，然后分析成本和结果。如果我们了解了争取 1 000 个顾客的成本是多少，我们基本上也就可以精确地知道争取 100 万个顾客的成本是多少。如果我们知道他们能接受什么，我们也就知道了 100 万人能接受什么。

我们在较小规模试用的基础上建立起了具有普遍性的评价指标，而这些指标一般都能够成立。我们知道我们的成本，知道我们的销售量，知道我们的盈亏状况，知道我们要多久才能收回成本。在我们全面铺开之前，必须证明我们的工作绝对有效。所以在今天，没有哪一次广告灾难是由那些了解实际情况的人造成的。

也许我们会在四五个城市试验我们的计划，我们可能采用提供试用品或免费装的方法，促使消费者尽快开始试用这种产品。通过这种方法，我们可以掌握让一个顾客试用这种产品需要多少成本，然后我们等着看用户是否会购买这种试用品。如果他们买了，他们会持续下去吗？他们会买多少？我们需要多久才能收回销售成本？

像这样的试用可能要花上 3 000 ~ 5 000 美元，但就算最后证明这种产品不受欢迎，这些钱也不会全部损失掉，毕竟还实现了一些销售。基本上每一个试用品最终都能收回全部成本。

有时我们会发现，在许多应付款付出之前，我们在广告上的投入成本就已经赚回来了。这就意味着这种产品不需要再追加投资就可以做广告。有很多优秀的广告就是未追加任何成本的情况下发展起来的，这是一种理想的状态。

另一种产品可能要花上 3 个月的时间才能收回试验成本，获得利润。但是在那个时候广告主对自己的利润已经有了把握。在全面展开之前，他必须做好相应的财务准备。

想一想这意味着什么，这个人自认为有了不错的广告机会，可是全国性广告摊子太大，代价高昂，他不敢冒这个险。于是他在一两个普通城市发布他的广告，成本非常有限，几乎不会有风险。从几千个样本中他可以了解到几百万人会是什么样的反应，然后他可以采取相应的措施。如果他继续展开行动，那他肯定清楚结果会是什么样。

他很有把握做到百发百中，如果这个产品成功，他便可以成为百万富翁，就算他真的估计错误，损失也微不足道。

这是我们想要加以强调和展开讨论的事实。现在，我们所有的大客户都用这样的方法，从很小的地方起步。一旦商业中的人都意识到某个商业机会，就会有成千上万的人跃跃欲试，只不过现在无数的淘金者尚在冬眠，还未觉醒。

世界上最大的广告主就这样靠开展新的商业项目并建立起了自己的事业。他找出一个又一个成功的项目，现在他有 26 个项目，每年加起来可以为他赚上好几百万。

这些试验性广告活动也有其他目的，它们可以解决生意中出现的很多问题。

有个大型食品广告主觉得他的产品如果换一种形状也许会更受欢迎，他和他所有的智囊对此都充满了信心。正当他们未征求消费者的意见就准备根据这种假设采取行动时，更明智的意见占了上风。

他在一些城镇里发布了带有优惠券的广告，这种优惠券可以在所有的商店里获得一份新产品。然后他就此事写信给顾客们，顾客们几乎众口一词表示不喜欢这种新产品。

后来，又有人建议对这种产品做一点改动，尽管以前也有人觉得这种改动前景莫测。那个广告主并不觉得试用活动有什么意义，但他还是通过类似的方法把问题交给了几千名妇女，91% 的妇女投了赞成票。现在他有了一种独一无二的产品，可以保证他的销售额大幅度增加。

这些试用每次不过花费千把块钱，前一次试用使他避免了代价高昂的错误，第二次试用则给他带来丰厚的利润。

接着，我们在已经成功的广告上，通过试用活动尝试新的广告手段。这样我们可以不断寻找更好的手段，而不会影响到已经取得成功的方案。

我们曾经在5年的时间里，为一家食品广告主试验了50多种不同的方案，每过一段时间我们的方案就能有所改进。所以我们的广告效果也总在不断提高。5年后，我们找到了最好的方案，它使我们的销售成本降低了75%，也就是说，它比我们以前用过的最好方案的效果还好4倍。

邮购广告主也是这样做的——一个接一个地尝试新方案，不断地降低成本。为什么大多数广告主都那么没有商业头脑，也不够细心呢？

除此之外，试用活动还有另外的作用。

有位广告主正在发布平庸的广告，一位有经验的广告代理商觉得他还可以有更大的发展前途，但广告主自己很是怀疑。他现在做得很不错，也有与自己合作的广告公司，并且暂时还舍不得和他们脱离关系，因此这位广告主自己倾向于维持原样。

这个问题可以通过做试验的方式来决断。新的代理商可以在不影响整体广告活动的基础上选取几个城市进行试点，然后把他的结果与整个广告活动的结果加以比较，从而证明他的方案的出色之处。

这个行业很容易出现貌似真理的论点。人们一个接一个地跑到广告主那里，宣称自己具备出类拔萃的知识和能力。广告主很难对这些人进行判断，即使判断了也有可能出现错误。

现在，以很小的代价就可以获得确切的数字来有针对性地解决问题。广告主不需对代理商承诺任何东西，他只需像对待一个推销员那样，说："出去试一个星期，证明给我看。"要是这种方法得以应用的话，某些广告代理商现有的大部分广告业务都会落入他人之手。

现在我们再回过头来说科学的广告。假设有个化学家武断地说，这种化合物最好，或者另一种更好，你可能听不进他的意见。于是他用试验去证明实际的结果，去显示什么是最好的，有时甚至做上百次试验。他在做出证明之前，绝不会做任何假设。什么时候广告主们才能把这种精确精神应用到广告中呢？

16. 关于经销商

在大多数情况下，我们别想指望得到渠道商或经销商的积极帮助，他们太忙，他们有太多的产品要考虑。做过广告的产品销售利润一般都不大，而且做广告的商品也常被降价出售。

一般经销商的行为方式和你差不多，如果说注重品牌，他也只注重自己的品牌，而不是别人的品牌。

经销商往往试图让你做出另外的考虑。他会要求你付出额外的努力来帮助他，或对他做出让步。广告主常常会打额外的折扣，或在货物数量上给予优惠（比如买十送一）。他们相信，多给经销商一些免费产品可以让他们更卖力气。

在少数领域里，这样做可能是有效的，但这种做法并不具有普遍性。即便经销商更卖力气，也不会增加总体销售。他们的努力不过是把生意从一个商店转到了另一个商店。

在大多数产品上，如果经销商实现了销售，但却没实现消费者的品牌转换，这种结局也没什么意义。通过广告说服实现的销售很有可能会带来永久的顾客。人们如果只是因为偶然的建议购买了某种产品，并不一定会坚持下去。下一次人们可能还会得到一些别的建议。

广告主本来可以得到的收入经常会被别人拿走，因此没有获得足够的回报。如果把那些折扣或礼物用来争取新顾客，效果会好得多。

免费的产品应当“卖”出去，而且通常应该靠你自己的努力。买十送一意味着这条广告要多卖出去 10% 的产品才能取得同样的回报。如果你让经销商自行决定，那么，经常是你让他卖出去多少，他就买你多少产品。

经销商还会提供其他形式的协助，很多钱是以这种名义被零敲碎打地消耗掉的，比如橱窗或店内展示。橱窗展示发挥着提示作用，可以带给经销商最大的市场份额，但一点也不会增加你的销售总额。

这些都是需要了解的情况。在一个城市里试验一种办法，在另一个城市里试验另一种，然后比较这些城市的销售总体情况。在很多产品上，类似试验都会表明，昂贵的展示毫无价值。越来越多有经验的广告主不再在陈列上花钱。

这些一般都是爱搞大面积宣传的产品才用的手段，以前很流行，但这无异于把面包扔进水里还希望它能回来。20 年前的大多数广告都是这样的。

现在我们靠试验做决定，我们可以对各种广告支出形式的投入产出情况进行比较，这很容易做。通过这种现代化的程序，我们避免了很多代价高昂的错误。

科学的广告已经改变了很多旧的方法和观念，它证明有些历史悠久的方法其实很愚蠢。我们有一些衡量其他销售形式的评价指标，为什么不能把它们应用到这些事情上，或者应用到生产成本上呢?

你进行的全部广告活动目的就是要在盈利的基础上获得新顾客，你根本不必把生意都集中在某一家特定的商店里。要了解争取到一名顾客所要付出的代价和他们所要购买的东西。如果你每争取一个顾客要花一美元，那你每浪费一美元就等于损失了一个潜在顾客。

你的生意应该通过这种方式、而不是依靠经销商的帮助建立起来。你应该自己努力销售，促成自己的成功。只要经销商能够填写你提供的订单，你就应该感到满意了。消灭一切浪费，把所有的弹药都用在最需要的地方。

17. 个性化

一个人要想给别人留下印象，就得想办法从众人中脱颖而出，而且是用一种令人愉悦的方式。举止怪异、不同寻常，并不会得到大多数人的欣赏，而用不同的方式做一件让人佩服的事才会让你被人尊重。

销售人员也是如此，无论他是做面对面的推销还是做书面广告。有些推销员所具有的独特个性很委琐，让人讨厌；有些独特的性格充满朝气，非常积极，受人欢迎，让人印象深刻，具有这样性格的推销员是很幸运的。

我们试图让每一个广告主都有得体的风格。我们让他与众不同，不是在外表上，而是在态度与格调上。我们赋予他一种最适合他所面向的顾客的个性。

在一个注重淳厚和诚实的行业中，每一个从业人员都应该如此。如果某个行业的顾客完全是根据个人的偏好做决定，这个广告主就应该做一个好好先生。而在其他某个行业中，可能需要让人觉得权威才会脱颖而出。

我们谈到过一个案例，一位妇女靠向女孩子们推销服装取得了巨大的成功，她就是靠表现一种优越的个性做到的。

因此，有时候我们会在广告上签名，让它们表现出权威的个性。讲话的是一个人，一个对自己的成就感到十分骄傲的人，而不是一个“没有灵魂的大机构”。只要有可能，我们就在广告中加入人性的东西。**让一个人出名，就可以让他的产品出名。当我们宣传说一个产品有了改良的时候，谈论它的改进者会加强效果。**

接着，对一种已被证明有吸引力的个性，我们会小心翼翼地不去改变它。在撰写一种产品的广告文案之前，广告创意人员必须深入了解广告主的精神内涵，因为广告主会在广告中发挥主演的作用。

在成功的广告基础上保持自己的格调，永不改变，这也是一件非常难的事。能赢得那么多人的手段很可能也是赢得其他人的最好手段。那时人们会开始了解我们，在这种了解的基础上我们才开始工作，而不是向他们费力地介绍一个装模作样的陌生人。人们并不只靠名字来认识我们，还要看我们的外表和特性。如果我们每一次接触他们的时候都是一副完全不同的形象，他们永远不会对我们有信心。

我们不希望人们认为我们的推销工作就是为了让他们订货。要是那样，我们的诉求点就是人为制造出来的，是经过精心策划的，是虚伪的。诉求必须是发自内心的，而且总是出自同样的内心。

有个性的广告也可以像有个性的人一样赢得别人。有些广告我们很愿意去看；有些只是让我们感到乏味无趣；有些让我们为之一振；有些则普普通通；有些给我们信心；有些只能让我们变得更小心。

创造出正确的个性是一项极为了不起的成就。那样，广告客户在某一领域中日益增长的声誉就可以为他带来更高的声誉。永远不要对此厌倦。记住，我们性格上的每一个变化都会让我们的好朋友们从头再认识我们一遍。

18. 否定式广告

任何时候，攻击对手都不是好的广告方式。不要指责别人的不足之处。最好的媒体是禁止这样做的。攻击绝不是好策略，它自私自利的目的太明显了，显得不公平，不符合竞争精神。如果你讨厌吹毛求疵的人，你自己就要表现得宽厚一些。

展示事物光明、快乐且有吸引力的一面，而不是阴暗、冷漠的一面。展示美丽，而不是平庸；展示健康，而不是病态。不要展示你建议大家去除的皱纹，而要展示还没有出现皱纹的脸。你的顾客对皱纹已经很了解。

在为牙膏做广告时，要展现漂亮的牙齿，而不是坏牙齿；要展现改善后的状况，而不是现有的状况；在为服装做广告的时候，要表现穿着漂亮的人，而不是衣着不整的人；在为商业课程做广告的时候，要表现成功的人士，而不是失败的；要呈现给大家希望成为的样子，而不是目前的样子。

我们被阳光、美丽、欢乐、健康、成功所吸引。那么，把通向这些事物的道路指给人们，不要指出相反的道路。

要表现被羡慕的人，而不是羡慕别人的人。

告诉人们应该怎样做，而不是要避免做什么。

让每一条广告都散发欢乐的气息，回避悲伤阴郁的东西。

假设人们会按照你所说的去做，那么就说“现在就写信来要试用品”，不要说“你为什么会忽略这么好的东西？”这样好像是说人们很粗心，要让他们跟随指示而行动。

比较一下两个广告的结果。一个是否定式的，另一个是肯定式的；一个表现阴暗的一面，另一个表现光明的一面；一个是劝诫型的，另一个是鼓励型的。结果会令你感到惊奇。如果你有和我们一样的经历，你会看到肯定式广告的效果是否定式广告的 4 倍。

采取“使用前……，使用后……”的比较方式做广告，也是过去的笨办法。这样的广告方式除了展示矛盾，没有更多意义，不要受它们的影响也去展示事物阴暗抑郁的一面。

19. 商业信函撰写

商业信函撰写是我们所有人都应加以考虑的另一种广告手段。在几乎所有的广告活动中都会出现这种广告方式。每个生意人都会收到大量推销信件，他会把其中大多数都直接扔进废纸篓。但是他会留意一些商函并采取行动，也会把一些保存备案。

认真分析一下这些信函，你便会发现它们都有让你感兴趣的标题。只需一眼，你便发现它们提供了一些你想要的东西，一些你希望了解更多的东西。

在创作所有广告时都要记住这一点。

设想有一位一年大约要花 5 000 万美元的主顾。到他手中的每一封商业信函，每一份刊物，自然都会得到相应的处理，他希望得到他想要购买的产品的一切信息。

但我们往往也能看到这样的情景。每分钟都有一大把信件被扔到废纸篓里，只有一封信留在手边，那是急待处理的。另一封信则被存入了“清漆”这一档，以后他想购买清漆时会把这封信再找出来看。

那个人通过这些信函完成了几件漂亮的采购工作。他的工作是依据信息完成的，而实际上绝大部分信函他只是扫了一眼。

同样的道理适用于所有的广告。但是，很多信函撰写人像广告主一样，并没有对此加以认真考虑。所以，他们无法引起顾客的重视，也无法提供顾客想要知道的信息。

有一份杂志每年要寄出几百万商业信函，有些是为了吸引订户，有些是为了推销书籍。在出版商寄出500万信件之前，他会先发几千封做个测试。他可能先试25种信函，每一种寄给1 000个潜在消费者，他可以由此得知每种信函获得回报的成本是多少。也许这个项目会因为看上去无利可图而被放弃。否则，带来最好回报的那份信函肯定是他所采用的信函。现在所有做科学的广告的人都奉行这种原则。

邮购广告主也在做类似的事，他们按照这种原则，用同样的方法测试自己的广告，同样也测试自己的直邮信函。在普遍采用一封信函之前，一定要经过大量的实际验证，证明它是同类之中最好的。

商业信函撰写与广告有很密切的关系。无论是寄给索取者的信函，还是跟踪服务信函，都应尽量经过检验。如果不可能做到，也应该根据调查得出的信息来撰写。

我们发现，像广告有差异一样，推销信函也有差异。有些推销信能导致顾客采取行动，有些则不能；有些可以达成生意，有些却破坏了它本来给人的好印象。那些寄给已经动了心的顾客的信函尤其重要。

一般的经验表明，一封两美分的推销信并不会比一封一美分的信引起更多的注意，用精美的信纸并不会比用较差的信纸更有效。所有的诉求力都蕴涵在内容之中。

有人发现，精美的信纸和印刷品反而会削弱效果。它们暗示，你是在靠产品质量以外的东西推销产品。无论是做广告，还是写推销信，这样做效果都不好。

一封写给需要某种产品的人的信，就像一个正去拜访已经有兴趣的潜在客户的推销员一样。你知道是什么激发起了那种兴趣，因此，你就应该继续采用同样的方法，不要半路改主意。要让原有的印象更深刻、更完满，不要仅凭猜测就另辟蹊径。

推销信与广告一样，最重要的是让诉求对象立即行动起来，人生来就是会拖拖拉拉的。他们会延迟事情，而延迟的行为会导致忘记。

要采取一切可能的做法让顾客立即行动。要让他们尝到甜头，或者告诉他们拖延会造成什么样的后果。注意，有很多成功的推销信会对自己的优惠活动加以限制，比如限定某个日期。之所以这样做，都是为了促使顾客尽快采取行动，防止他们拖延。

某个邮购广告主推出了一种产品目录，每个索取的顾客可能手中有三四种类似的产品目录。这位广告主要想销售出自己的产品，就要面对竞争。

于是，他在寄出自己的产品目录时便加上了一封推销信，还附上了他个人的名片。他说："您是一位新用户，为了让你受到热情接待，请您寄回订购单时，同时寄回这张名片。我希望您收到订货时，也收到我们送您的礼物。您肯定会喜欢这份礼物的。"

对老客户，他也有另外的理由送出礼物。这些礼物会引发好奇心，使他的产品目录更有人缘。如果没有更好的理由订别家的货，主妇们就会把订单给他。这份礼物会为每份产品目录带来大量的销售，利润足以超出礼物成本的好几倍。

促使顾客行动起来的方法有很多种，很少有哪种方法可以同时适用于两种产品，但原则是一致的；要趁热打铁，如果你能做到，就要让顾客当时做出决定，并让这个决定迅速得到实施。

你完全有能力付出代价以促使对象立即采取行动，而不必坐失良机。有一位广告主曾经用只限一周送出礼物的方式，吸引了成千上万的家庭主妇大量购买他的产品。

20. 好名称

如果名称本身能说清一件事，这个名称自然就具有很大的吸引力。在广告中，产品名称一般都会被放在很显眼的地方。根据它所占据的篇幅，它应该对广告起到很大的辅助作用。有些名称自身几乎就是完整的广告。“五月气息”就是这样一个名称，“麦乳”也是一个例子。这种名称本身就是一笔财富，与此类似的还有“荷兰清洗剂”、“亮光油”、“快速淀粉”、“三合一润肤油”等。

这类名称会受到保护，而且它自身足以说明产品，所以对它进行展示就很有价值。

另外一些著名的名字却没有什么实际含意，如“柯达”、“卡罗”、“马自达”、“萨波里奥”、“凡士林”、“力士”等。它们也可以受到保护，并且通过长期不断的广告宣传，这些名字也就产生某种意义。到了这一步，它们就变得非常有价值了，不过大多数这类名字却没能取得这种地位。

这类名字对广告本身并没有帮助，令人怀疑它们到底是不是能充分发挥展示作用。产品的功用，而不是名字，才是广告的要素。展示没有促销功能的名字和图片，可以说是在浪费大量的篇幅。现代广告的趋势是要消除这种浪费。

另外一些著名的名称含有一些别人也可以采用的诉求要素，类似的名称有“无花果糖浆”、“椰油香波”、“焦油肥皂”、“棕榈橄榄香皂”等。

如果价格合理的话，这类产品可以支配市场。但是在某种程度上，它们必须能抵抗竞争，敢于与竞争者较量。它们会引来很多替代产品。由于其他产品也可能有类似成分，人们自然就将这些产品归为一类，因此它们的价格也必须符合这一类产品的价格标准。

“烤玉米花”和“麦乳精”都是不走运的名字。在它们的运作过程中，某个广告主创造出了一种新的需求，但在此后，其他人也分享了这个名字，因为它人人可用。但当初起名字的人所能依赖的只是一个品牌名称。要是打赌设注，猜猜一个精心铸就的品牌本来应当能带来多少利润，一定是件很有趣的事。

对一种专有产品来说，你应该记住，一个名称的所有权会随着专利的失效而消失。像“佳士多丽亚”、“阿司匹林”、“碎面饼干”这样的名字，现在都成了诸多生产商共享的财富。

这是一个值得认真考虑的问题，它常使专利名称陷于尴尬境地。

著名品牌还有另一个常见的严重错误，那就是表现轻浮。人们追求独一无二，却得到名不副实的东西。对于一个重要的产品来说，这是一个致命的失误，这样做很容易让人轻视。

如果产品一定要有一个通俗的名字，最好最有益的名字莫过于某个人的名字，这比一个精心设计的名字要好得多。因为，它表明某人为自己的产品感到非常自豪。

由此我们可以说，名称问题非常重要，它为新的事业打下基础。有些名字是其成功的主要因素，而有些名字则使其丧失了最初的市场份额。

21. 好生意

我童年的家园旁有一条湍急的小河，小河边的一架木水车带动一个磨坊。在这种原始的操作方式中，水能除了一小部分被利用之外，其他的都给浪费掉了。

后来有人以现代技术开发那条河的水能，在河上安置了涡轮和电动机。现在，同样的水流，同样的水能，却带动着一个大型加工厂。

当我看到被浪费的广告资源时，我就想起了那条河，而这样的例子还随处可见——可以说有成百上千。巨大的潜能却只被用来推动一个磨坊，而别人用同样的能量却收到了数倍的效益。

我们看到无数的广告年复一年地发布，而我们知道，它们根本不会带来利润。有的人花 5 块钱去做 1 块钱就能做的事，有的人只收回了投资的 30%，而实际上他们本来可以得到 150%。这是事实，很容易就能证实。

我们看到过很多浪费篇幅、华而不实、自吹自擂、游戏娱乐、在昂贵的版面上充斥泛泛之谈的广告。如果让一位推销商来使用这些版面，他肯定可以发挥出他的才智，但是这些做广告的广告主却总是无的放矢。金钱盲目地花了出去，只不过满足了某人的广告冲动。

不光那些刚出道的广告主会这样，很多老广告主对自己的广告效果也不了解。生意是在很多因素的共同作用下发展起来的，广告自有它的一席之地。

有一位经营多年的广告主，一年的广告支出多达 70 万美元，他曾对我说，他不知道他的广告是否真的值那么多的钱。有时候他甚至想，就是不花那些钱，他的生意也可以做得同样大。

我说："我确实知道，您的广告非常不赚钱。我可以用一个星期的时间向您证明这一点。如果不信，您就在某条广告的结尾说，谁能向您写信说他看过那条广告，您就给他 5 美元。回应之少肯定让您大吃一惊。"

想想看，这是多么可怕——几百万美元花出去，却不知道它的结果如何。如果一个广告主总这么做，那他很快就会破产。

你可能还见过其他你不喜欢的广告。它们看上去滔滔不绝，铺天盖地，但对你没有吸引力。因为，你想读的是让你佩服的东西，让你感到愉快的东西。但是你将发现，这些广告都是被锁定的，广告主知道它们会有所回报。也许，在所有经过调查比较的广告中，你看到的那个是回报最高的。

许多现在并没有被锁定的广告，在一开始的时候则是被锁定的。它们是建立在已知的统计数据之上的，在进行大规模推广之前，它们已经在较小范围内取得了成功。那些广告主最充分地利用了他所拥有的巨大资源。

花钱做广告的人当然相信广告有益，层出不穷的广告便是初步证据。广告为别人带来了巨大的成功，这一次也一定能为"我"带来好结果。所以他就按照别人的推荐，把广告当做某种灵丹妙药。如果生意兴隆了，是灵丹妙药的功劳，如果失败了，就怪自己运气不好。

这似乎很难让人相信。就算一个只刊发一条20美元的广告的小店主也会知道他自己的广告是否会成功。大商店的每一种产品的广告费用都会由相应的部门支付，它们所占用的每一寸版面都必须在第二天证明自己的价值。

但是，很多全国性广告都在毫无评估的状况下就开始运作。广告主只不过假设可以由此得到回报。其实，一个小小试验就可以找出取得成倍回报的方法。

上述这些方法，虽然仍很普遍，但也快要走到末路了。采用这些方法的广告人已经看见了大难临头的预兆，花钱的人们用不了多久就会知道他们得到的将会是什么。优秀的经营方法也将被应用在广告上。广告对象和广告方式将由已知的回报来衡量。只有能力高强的人才能在这个行业生存。

就在一个小时之前，一位老广告人对我说："我们那个时代已经结束了。我们已经释放不出能量来了。'诡辩'正在被'真实'所代替。这种潮流简直让我发抖。"

很多人都会发抖。无数的广告正在按照科学的原则运作，它们的成功已经成为很平常的事。按其他原则行事的广告主会不再满意。

我们这些能够面对考验的人欢迎这种变革趋势。如果广告客户们看到广告可以做到又安全又有保障，他们的数量就会成倍增长。原来靠猜测只敢投一小笔钱的广告主，现在也敢在有把握的情况下投入大量的广告费用了。当赌博的因素被排除之后，我们这个行业会越来越精细，越来越干净，如果别人以我们的美德评判我们，我们会感到更大的骄傲。

我的广告生涯

前　　言

我并不是想把这本书写成个人历史，而是希望它能对广告业有所启示。在内容的选择上，我尽量避免谈论琐细的小事，而把笔墨集中在更有意义的东西上。其中的所有故事，都旨在为后来者提供有益的意见和建议，以使他们不至于像我过去那样总在暗夜中摸索。

有一天晚上，在洛杉矶，我把我的故事讲给本·汉普顿（Ben Hampton）听，他是一位作家、出版人兼广告人。他听了好几个小时，一直都没有打断我，因为他觉得我的经历对于初入行的人来说非常有价值。至此，他一个劲儿地劝我，直到我同意把这些故事写下来公之于众。

他的意见是对的。任何将终生奉献给某项事业并因此而博学多才的人，都应该为后来者留下可资借鉴的先知。凡是深思熟虑得来的东西都应该留下来、传下去。每位先锋都应留下路标，这也是我所力求的。

当这部自传面世，要在杂志上连载时，很多人给我写信抗议，其中就有我曾任职过的大公司的主管们。这是因为有人担心我会居功自傲，从而伤害某些人的自尊心。为了避免这种担心，我重写了某些章节，以消除这样的疑虑。

其实，我唯一可以自矜的是，我比这一行里的任何人都更加努力。我在广告圈的潮起潮落中激荡多年，自然要比那些相比之下没有这么多机会经历的人更有经验。现在，我希望这些经历能尽可能地帮助别人不必重复经历同样艰辛的沉浮。我之所以写下这些经历，只为一个目的，那就是让大家能由我已经到达的高度开始。这样做，除了心头的满足感外，我别无他求。当年在我刚起步时，如果能有人像我现在这样，写下他过去的经历，我会对他非常感激。因为有了那样的帮助，再加上我自己的努力，相信今天我的成就应当比这一行里的任何一个人都高。我希望我能活着看到别人做到这一点。

1. 早年的影响

我一生中最重大的事件发生在我出生的前一年——爸爸给我找了个苏格兰妈妈。她身上拥有很多苏格兰人的特点：勤俭、谨慎、有智慧、雄心勃勃且活力充沛。人们常说，男孩子比较像母亲。的确，我生来就比较保守，**与其他原因相比，不够保守更常是广告人和企业家失败的原因。**

这个观点，我会在书中反复强调。在这儿着墨，只是为了向我个性中保守谨慎的来源致敬。“安全第一”一向是我的行事风格。从母亲那儿继承来的苏格兰血液，是任何一个想在广告这一行中大展宏图的男孩子最大的资产，因为勤俭与谨慎应该是广告人天生的秉性。勤俭与谨慎，是成功的根本。除非意外，非勤俭与谨慎不能成功。不过，如果欠缺这两者，仍可经由不懈的努力加以弥补。

我所遭遇过的事业失败，大多是因为企图心过高，做事太过分，时机未成熟而盲目投机，嘲笑谨慎而仓促行事，因为害怕对手比自己跑得快、爬得高而急急涉足未经探测的险域。

凡事都有例外，但独广告无。**所有广告史上的灾难，皆源于不必要且不可原谅的轻率行事。**当然，在这里我指的倒不是广告的失败。就广告这一行来说，我们总在做一些力所难及的事。我们是在和人性打交道——有需求、有偏见、有癖好的人性，这些是我们无法用标准来衡量的。无论有多少经验，在大多数情况下，它们也都无法正确引导我们。这也就是为什么不谨慎行事在广告上就是一种犯罪，因为每一次广告投资都是一种盲目的冒险。

可是，一般的失败算不得什么，这些失败本就可以预料到。所有广告在最初推出的阶段，都只是为了探探受众的脉息。如果人们没反应，那么往往是因为产品出了问题，或是环境变化超出了人力所能控制的范围。在正确执行的广告活动中，损失即便是有，也总还是有限的。点子和创意未能迅速落地开花，实在是太常见的事情了。

而我所要谈的灾难，是指广告期望的全盘落空。换句话说，是那些将昂贵大船航向暗礁的广告人。这样的人很少能重整旗鼓，因为领航员的轻率一旦被证明，大家就会对他敬而远之。我见过很多这一行里原来大有希望的人都把自己的船撞毁了，因为他们冒险在未知海域中满帆前行。到现在为止，我不记得他们当中有谁能够在这一行里重新站起来。而我的苏格兰血统使我在这 35 年的广告生涯中免遭这种灾难。

由于母亲的影响，一毛钱对我来说与一元钱一样重要。我不仅对自己的钱如此，对别人的也一样。我花钱极为小心，不管是自己的，还是替别人保管打理的。我从不大赌，不管是代表自己还是别人，所以，尽管我犯过错，而且次数还相当多，但这些错还没人跟我真正算过。我侥幸逃过因为不可避免的灾难而造成的不信任。我失败时，顶多损失极少数的金钱，我的信任毫发无伤；我成功时，却往往为客户带来百万财富，为自己赢得巨大声誉。这在很大程度上归功于我的母亲。

我要归功于她的还有很多。她教给我勤勉，我几乎想不出，无论是白天还是黑夜，母亲有哪一个小时没在工作。她大学毕业，聪颖过人，却因早年丧夫而不得不靠教书来养活自己的孩子。白天课余时间，她要做家务；夜里，她还要替学校写幼教方面的书；放假期间，她到各个学校去推销这些书。她做了三四个女人才能做的工作，因此也拓展出了三四项事业。

在她的教导和鼓励下，我很小就开始像她那样勤奋工作。我 9 岁的时候便开始独立谋生了。其他孩子上学，把上学当成是一天的工作，而对于我来说，这不过是每天许多事情中的一件。上学前，我要替两间教室开门、生火、擦拭桌椅；放学后，我还要打扫这两间教室；晚饭前，我要给 65 家订户送去《底特律晚报》（*Detroit Evening News*）。

星期六，我又要替那两间教室做大扫除，还要送传单。到了星期天，我则去教堂看门，从大清早一直忙到深夜 10 点。假期里，我到农场帮工，在那里我一天要工作 16 个小时。

有一次，医生说我病得很厉害，不能去上学，于是我便跑到雪松沼泽去干活。在那里，我们凌晨 4 点半就开始工作。早餐前我们要挤牛奶、喂牲口。6 点半的时候，带着午饭去沼泽地。一整天我们都在砍大树、削藤条。吃过晚饭，我们又要去挤牛奶，然后为牲口铺上过夜的干草。直到晚上 9 点，我们才终于可以搭个梯子爬到小阁楼，上床睡觉。可我从来没觉得自己是在辛苦地工作。

后来我在事业上也是这样的工作态度和方式。我没有工作时间的概念。如果我在午夜前停止工作，那么那天准是假日。我经常在凌晨 2 点钟才离开办公室。星期天对我来说是最好的工作日，因为不受打扰。入行之后的 16 年里，我没有一个晚上或星期天不是在忙于工作。

我不是自吹自擂让大家学我的样子。我就不会让我的儿子像我那样。生命中有许多比成功更重要的事。凡事适可而止，我可能会更快乐。但话又说回来，比别人付出多一倍的努力，收获肯定也比别人多一倍，在广告界尤其如此。

勤勉是不可避免的：**人的脑力固然有区别，但勤勉比脑力更重要。**在工作上，比别人多花两三倍的时间，自然就比别人多学两三倍的东西。失败与成功经历越多，收获也就越多。如果说我在广告这一行里比其他人水平更高、成就更大，那并不是因为我有超凡的能力，而是因为我花了更多的时间。我的成功，代表的是牺牲生命中所有的其他换来职业生涯中的卓越成就；代表的可能是一个人应该值得同情，而非羡慕。

我曾经在一次演讲中说过，算起来我应该是在广告业里干了 70 年。虽然我工作的时间在日历上只占 35 年，但是如果以我的平均工作时间和完成的工作量来说，我的一年是别人的两年。**勤俭和谨慎使我消灾避祸，而辛勤工作让我学会了做广告，并使我有今天的成就。**

从父亲那里我得到贫困，那是另一种恩赐。父亲是牧师之子。他的先辈世代为牧师，在贫困中繁衍生息，因此他本就出身贫寒。

我自己从贫困中收获很多。贫困使我成为老百姓，而上帝造了这么多的老百姓。我天生就认识他们，了解他们的需求和愿望，理解他们的奋斗和精打细算，更懂得他们的淳朴厚重。这些我非常熟悉的普通人，就是我日后的消费对象。我跟他们说话，无论是借由刊物还是面对面，他们都认为我是他们中的一分子。

我确信我跟那些阔佬们说不上话，因为我不了解他们。我从来不曾尝试向他们推销产品。我想如果我为劳斯莱斯轿车、蒂凡尼首饰、斯坦威钢琴做广告宣传，那我肯定会失败。我不懂有钱人，却非常了解老百姓。我喜欢和打工仔说话，研究那些斤斤计较的家庭主妇，向那些雄心勃勃的穷孩子们学习，获得他们的信任。给我他们想要的东西，我就可以拨动他们的心弦。我的用词浅显易懂，句子也很简短。学者们可以讥讽我的风格，阔佬们可以嘲笑我在广告中突出的“卖点”，但是成千上万住在陋室里的普通人会阅读它、购买它介绍的产品。他们会觉得写广告的人了解他们，而他们也构成了 95% 的广告消费人群。

贫困还教会了我如何进行推销。如果不是因为贫困，我就不会成为挨家挨户上门兜售的小贩。而正是这种经历，使我领悟到了人们是怎样花钱的。推销是最好的学校。美国有一位非常出色的广告人，每次写广告前，他总要先向人家推销他的产品。我知道他常常花上几个星期的时间，从一个农场跑到另一个农场，去听取农夫们的意见；我也知道他曾按响几千家的门铃，去了解主妇们的看法。

还是因为贫困，我没有机会上大学。我把同样的四年，花在经验这所学校里，而非理论的学校里。我不知道广告人能从大学里学到哪些“法宝”。我只知道，他们从学校里学来的许多东西，将来都得努力地去忘记，然后他们才能开始从事实际的业务。在我看来，高等教育对于那些要把毕生精力用来和老百姓打交道的人来说，是一种“摧残”。

当然，在我上学的那个年代，还没有什么广告课程，也没有什么销售课程或新闻课程。我想，如果今天也没有这些课程也许会更好。实际上我读过其中的一些书，它们误人子弟，不切实际，令我愤怒。一次，一所非常有名的理工学院的人，把他们学校的广告课程拿给我看，问我如何改进。看后我说：“把这些东西统统烧掉，你们没有权力用这些垃圾去糟蹋年轻人大好的青春和宝贵的年华。如果有人花 4 年时间去学习这些理论，那他就得花 12 年的时间将它们忘掉。到那时，他就会远远落后于时代，并且永远也赶不上了。”

我刚才说过，我觉得愤怒。我对这些课程印象很坏。说到底，一个大学教授，一个生活在象牙塔里的人，怎么可能教好广告或任何实际的业务呢？就这个问题我和几百个人讨论过，这些东西只能在商业实践这所大学里学到，别的地方是不可能学到的。我见过不少人因为自己欠缺教育，而贬低受过教育的人。我去过一些大学，到教室里听他们上课。我是带着一种崇敬的心情去的，因为我自己就来自一个受过高等教育的家庭。我出生在校园，父母都是大学生，祖父还是一所大学的创办人之一，我的姊妹和女儿也都受过大学教育。

我知道自己说话的轻重。我见过无数的大学毕业生在这一行做事。在我领导的一家广告代理公司里，我们雇有大学毕业生，有时甚至办公室勤杂人员也雇大学生。我的很多客户也是同样的政策——只雇大学生。这样做的想法就是，要雇用那些受过正规训练的人，借以弥补自己在这方面明显感觉到的不足。不过在我的印象中，我记不起这些人当中有谁获得了重要的职位，反倒是那些把上大学的时间花在亲身体验中的人占有绝对优势。至少就广告业而言，任何人花一个星期和乡下人谈话，学到的东西一定要比花一年在我所知道的任何一间广告教室里学到的多。

威尔·卡尔顿（Will Carleton）对我产生了很大影响，改变了我想要做牧师的理想。我本来注定要当牧师，这是我们家的传统，我的名字就选自美国牧师名人录。那时候，我的家庭对我将来要在神坛上度过从来不曾怀疑。

不过他们在这方面的灌输太过分了。我祖父是个顽固的浸信会教徒，母亲则是苏格兰长老会的信徒。他们俩加在一起，家庭就变得很压抑。星期天我要参加5次布道活动，晚上还要听沉闷的宗教训诫。聆训时为了让我保持清醒，他们会用手掐我。星期天、休息日，我哪儿也不能去，除了《圣经》或《圣经词语索引》，我什么都不能读，我整天就是读《圣经》里的那些字词句来验证词语索引。除此之外，我还要读《天路历程》[①]，其实哪个男孩都不会对里面的任何旅程感兴趣。

在那个时代，似乎生活中的任何欢乐都是一种罪恶。我所受到的教导是，那些跳舞的人、玩牌的人，或是上戏园子的人，都是堕落的

① 《天路历程》（*Pilgrim's Progress*）是英国作家约翰·班扬（John Bunyan）的宗教寓言小说，表现一个善良人一生所走过的圣洁道路。它被后人誉为“最有永恒意义的百科全书”，同时也是阅读人数仅次于《圣经》的基督教著作。——译者注

一群。而且，如果你读的书不是来自主日学校，那么你的未来必定很糟糕。

威尔・卡尔顿是父亲的大学同学，他写过《爬过山岗到穷人家》（*Over the Hills to the Poorhouse*）和其他一些很有名的民谣。最近，密歇根州为了纪念他，把他的生日——10 月 23 日定为各学校的纪念日。他是我少年时代的偶像。

那时候我还是个十来岁的孩子。威尔・卡尔顿到处巡回讲课。他每次到我们城市，都会到我们家来。他发现我们家那种过分的宗教气氛对孩子来说实在不好。有一次，他在来访之后，根据自己的所见所闻写了一首歌，这首歌收录在他的《城市民谣》（*City Ballads*）一书中，歌名是“他的心中再也容不下了”（*There Wasn't Any Room for his Heart*）。歌曲以一位年轻人在走向监狱的途中对警长说的故事为主题。故事述说了苏格兰长老会家庭的宗教狂热气氛，以及这样的压迫终于把这个年轻人逼向犯罪。威尔・卡尔顿让我担任歌中那个宗教悲剧的受害者，还送了一本《城市民谣》给我。

这首歌，比我家中的所有的教养对我一生的影响都要大。我崇拜威尔・卡尔顿，希望长大以后像他一样成为名人。当然，他对我家庭生活的看法深得我心。能和那样一个人看法一致，使我变得更为坚定。从那以后，威尔・卡尔顿便成了我的指路明灯。他对狂热宗教的态度让我第一次理解到并不一定非要如此。

我继续学做牧师，17 岁时便当传教士，18 岁就开始在芝加哥传道。但是，威尔・卡尔顿在我心里种下了思想的种子，使我最终不可能踏上宗教之路。

另外，还有一件事对我的影响也很大。有一次妹妹和我都生病了，母亲精心照料我们。在我们康复期间，她读了《汤姆叔叔的小屋》给我们听。没过多久，我就听说这出戏要来镇上演出，于是便想办法做了许多送传单的工作来赚取几张戏票。我费了好半天的口舌才劝动母亲同意让我们去看戏。

那时，离开演还有一个星期，日子拖着沉重的步伐慢慢地过去。终于，那重要的一天到了。清晨 4 点钟我就爬了起来，可白天过得出奇地慢。到了晚上 7 点，我和妹妹实在等不及，便扯着母亲和我们一起向镇上的大礼堂走去。

半路上我们碰到了长老会的牧师，他是一个已经忘却青春的老光棍。所有的孩子都本能地避开他，我感觉他的出现即将带来不幸。

他和我们打招呼，说道："你好，姊妹。你们出来散步吗？看见一个母亲和她的孩子这么亲热，真让我高兴。"

母亲回答说："是的，兄弟。我们出来走一走。可是不止如此，我觉得这件事我必须告诉你。这些孩子前阵子病了，他们养病的时候，我给他们读了《汤姆叔叔的小屋》，他们对这本书越来越有兴趣。今天晚上剧团到镇上来演这出戏，我的儿子干活挣了几张票。我同意带他们去看戏，我想这本书确实对他们挺好的，这出戏也应该不会太差。"

光棍牧师回答："这位姊妹，我了解你的想法，这本书确实是一本很好的书。不过你应该记得，总有一天你会无法照顾这些孩子，他们会受到这种让人堕落的戏园子形形色色的诱惑，总想进去看的。一旦这种问题出现了，他们会怎么想？他们会说是妈妈带我去看的第一出戏，这次也用不着犹豫。"

母亲回答说："你说得对，我不应该给他们开这样的坏先例。"于是就转身把我们带回了家。从那时起，母亲在我心目中的尊严形象大失色彩，而且再也无法重拾。

还有一个人在我成长的岁月中给了我极大的影响。他是铁路养护队的负责人，每天挣 1.6 美元，手下还有几个工人，每人每天挣 1.25 美元。

长到五六岁时，我身边围绕的都是那些玩耍嬉闹的大学生。我对学习生活严谨的一面一无所知，却见识了各种各样的游戏，因此我相当确信：人生就是一个游乐场。

是这个队长改变了我的这种看法。他和他手下的那些人有很大的不同，这一点让我印象深刻。那些工人是不得已才工作，因此他们能少干就少干，数着钟点干活，恨不得早早溜走。到了星期六晚上，他们会跑到城里去，把一周挣的钱全都挥霍掉。

那个队长却热爱工作，他总是说：“弟兄们，今天我们多铺些枕木吧！让我们来把这些铁轨铺得漂漂亮亮的！”然后工人们就强打起精神来干活。工作对他们来说实在是枯燥乏味，可这个队长却把它当成游戏。

队长白天工作10个小时，晚上回家还要盖自己的房子，并在房子周围开辟一个花园。他娶了全区最漂亮的姑娘，过着非常甜蜜的生活，后来，他还获得了一个更高的职位。而我从一开始就在他那里学到了很多东西。

“你看那些玩球的小孩，”有一次他说，“我认为他们正在艰苦地工作。我在这里忙着盖我的屋顶，和时间赛跑。我知道在太阳落山前我必须铺完多少屋顶，达到自己的目标。这就是我所谓的乐趣。”

“瞧瞧那些人，东侃西侃，谈铁路、议政治。其实他们中的任何一个对铁路所了解的都不过是怎么开扳道车。他们以后也会这样，不会有什么出息。今晚他们虚度光阴的时候，你看我在做什么——我在修我家的门廊。以后我就可以舒舒服服地坐在那儿，和漂亮的老婆谈情说爱。而他们只能老是坐在杂货店炉边的肥皂箱上。你说谁在工作？谁又在玩呢？”

“他们把所有有用的事情都叫做工作，没用的则叫玩。工作和玩其实一样辛苦，也一样可以是游戏。工作和玩都一样有竞争对手，都一样要领先同侪。唯一的差别，就只是态度不同而已。"

我从来没有忘记这些话，这人对我的影响太大了。我现在可以对他说："如果不是你，就没有今天的我。"

后来，我成为美国志愿者组织的督导，对那些在生活中挣扎沉浮的失意人有了更多的理解。我跑到施粥所、监狱或收容所里看他们。他们最大的问题不是懒惰，而是太过游戏，或者说，他们对游戏持错误的理解。他们中的大多数年轻时也整天忙忙碌碌，只是有些人在别人锄玉米地的时候在球场上忙碌；某些人的全垒打用白粉笔记载，别人的却刻在石头上。其中的差异，只在于他们对生活乐趣的理解不同。

我后来培养出对工作的热爱，就像别人培养出对高尔夫球的热爱一样。我仍然保持对工作的热情。多少次我从桥牌赛、晚餐或是舞会中告退，而在办公室里度过整个夜晚。我也会在乡下别墅里的周末宴会中偷闲，享受在打字机前度过的几个小时。

所以说，对工作的热爱是可以培养的，就如同对游戏的热爱可以培养一样。这两个名词其实可以互换，别人叫工作，我叫游戏，反之亦然。我们在做自己最喜欢做的事情时，总是做得最好。如果这件事是指打马球，那我们就可以打得最好。如果是指下象棋，或者是垒球跑垒这种事，我们也可以干得最棒。总之，**如果年轻人能够将他的职业生涯看做是他所知道的最引人入胜的游戏（本来也应该如此），那他就很了不起。运动员获得的掌声瞬间即逝，事业成功所获得的掌声则能令人一生欢欣鼓舞。**

2. 从广告和销售中学到的

父亲曾经在我们那个繁荣的伐木城市拥有一家报社。那里的人有的是钱，所以广告主们蜂拥而至。想起那时候的广告，人们现在一定会发笑，就像嘲笑老式的裙撑裙子一样。

那时候的大多数广告都是用物资交换来代替付费，我们家因此而成了一个广告商品的仓库。记得有一次我们家里同时存了 6 架钢琴和 6 台缝纫机。

在父亲做广告的商品中，有一种叫做苦味醋的东西，后来我才知道它的来历：一个制醋的人用某种古怪的发酵方法让一桶醋变了味，从而制造出这种气味呛鼻的产品。那时候人们相信，最有效的药物必然令人毛骨悚然。我们有各种“男人与牲畜专用”的药油药膏，让人闻了就抓狂。我们使用“蛇油”或者“臭鼬油”，想必也是因为它们的名字吓人。人们觉得，只有以毒攻毒，治疗才会有效。

所以我们有各种各样气味苦涩的东西，而苦味醋是其中最厉害的，因此也是最受欢迎的。父亲就藏了好几十瓶——作为广告的酬金。人们到我们这里来买钢琴、风琴、缝纫机还有其他东西，但就是不买药，因此我们存的苦味醋越来越多。

身为苏格兰后裔的母亲无法容忍浪费，她必须要把这种“药”用掉。而我这个家里体弱多病的人，自然就成了受害者，从早到晚都要吃它。如果发明这种药的人现在还在世，我可以替他证言，从那以后，我确实明显健康起来。

父亲在报社也印制传单。我经常研究这些传单，有时甚至帮忙制作。之后我就会跑到广告主那里，请他们给我一份送传单的工作。城里有上千户人家，我的要价是每跑一家送一份传单要 2 美元，这就意味着我大约要跑 35 英里[①] 的路。其他男孩做同样的工作开价只要 1.5 美元，可他们会把几张传单塞进同一家里，而且路远的地方根本就不去。我让那些广告主比较一下结果，不久，便垄断了所有派送传单的生意。

那是我最早的有迹可查的成功经验。它使我认识到：永远要求可知与可比较的结果。从那时起，我便不断要求这两者，因为正宗服务的优点没有别的方式可以凸显，而盲目从事任何事都很愚蠢。

我 10 岁时，母亲成了寡妇。从那时起，我不但要自理生活，还要维持家计。为此我做过各种各样的工作，在这里我所记述的只是那些对我日后的事业有影响的。

妈妈制作出一种银器亮光膏。我把它们塑形，用漂亮的纸包装起来，然后挨家挨户地推销。我发现，如果我只是站在门口向那些主妇们宣传这种油膏，那么 10 个人中只有一个人会买；但如果我能进到厨房，亲手演示这种油膏的效果，那么几乎每次它们都能被卖出去。

这又教给我另一项绝对不会忘记的重要法则：**好东西本身就是最好的推销员**。如果没有试用品让顾客试用，仅靠书面或口头宣传，要

① 1 英里 =1.60931 千米。——译者注

想把东西卖出去，那就很费力了。

我这一辈子最费力的事情就是让广告主们明白试用品或其他类似试用的重要性。广告主们没有想过，让他们的推销员不带试用品就跑出去卖东西效果会怎样。他们宁愿花大把的钱做广告，希冀消费者在还没有亲眼看到和亲身试用商品之前，就掏钱购买。有些广告主觉得派发试用品太费钱，有些则会辩解说总有一些人反复来要试用品。其实，仅靠说服，代价更高。

我希望那些不相信这一点的广告主们亲自体验一下我当年推销银器亮光膏的经历。这种经历已经成了我的重要经验，它为我的客户节省了数额可观的金钱。它可以在一天之内就让人明白，没有试用品的推销比有试用品的推销不知要难上多少倍。

我从街头巷尾那些卖假冒伪劣产品的小商贩身上也学到了不少东西。我曾在一旁站过好几个小时看他们在路灯下叫卖。现在我才明白自己当时是多么沉醉于他们的手腕和心计。他们卖什么东西都要表演半天，用夸张的动作展示他们产品的功用。奇怪的是，很多广告主对于销售的认知，竟不如这些小商贩。

我还想更深入地探讨这个问题，这是我思想中的精华。我在这里谈及是为了说明我是从哪儿学到优惠券的初步知识的。从那时起，我用报纸杂志散发出了上亿张优惠券。其中，有些可以换一份试用品，有些则可以在任何一家商店免费领取一大盒产品。我曾派发过各种东西，故而我的名字便与这套广告方法联系在了一起。我在广告业里能有今天的地位，它功不可没。而赠送样品是多么简单、多么自然的方法啊！而且它也只不过是每位销售员、每位沿门推销的推销员和街头骗子都必须使用的方法而已。只有那些把广告看做万灵药的人才会只用广告，而不用样品推销。

我发现的另一个生财之道是卖书，利润百分之百，实在很诱人。有一天，我听说伟大侦探艾伦·平克顿（Allen Pinkerton）的自传已经出版。谁都知道，平克顿是当时所有年轻男孩心目中的英雄。因此我说服母亲将我们仅有的一点点钱投资在购买平克顿的自传上。

我还记得当时我们购进那批书的情景，我把全部的书都摊在地上，相信所有的人都迫不及待地想一睹平克顿的书。我恨不得立刻就冲出去，把书卖给大家。

母亲说："先去找那些有名的人，他们会带动大家来买的。"所以当天早上我立刻去了镇长雷西格先生（Resigue）的家，在他离家之前找到他，他非常热情地接待了我。我是寡妇的儿子，在努力工作挣钱的过程中，我遇上了很多非常好的人，他们给了我热情的支持。像每一个得到帮助的年轻人一样，我也从中获益良多。因为成功人士莫不希望别人也能够同样成功；努力之士也莫不希望看见别人一样努力。我就是这样。数不清的年轻人曾来过我家，但其中受欢迎的，不论男女，总是那些勤勉用功的人。我一向很讨厌那种靠父母的钱享乐的小伙子，在一定程度上，我对这一类的女孩子也是这样看。如果两性之间有所谓的平等，那一定是勤勉能力上的平等。不论性别，人们都应当努力证明自己存在的价值。其中或许有些人，限于环境而无法完全达到自己的目标，但他们还是应该努力。我极其厌恶懒惰的人。我也相信，受我的影响，许许多多的人获得了幸福。

我现在才明白为什么雷西格先生那天早上会那样彬彬有礼地接待我。我是个小镇男孩，在努力尝试成功。即使在我最忙碌的时候，我也从来不会拒绝接待这样的年轻人。我花了很多宝贵的时间和他们相处，资助他们，给他们提建议。我最仰慕的，莫过于想要实现自己理想的精神。

但实际上，那天早上我碰了壁。雷西格先生是位宗教信仰极其虔诚的人，他有许多极端而且苛刻的想法，其中之一就是，一个整天和犯罪打交道的侦探是不应该在高尚社会里有一席之地的。他已经过了崇拜英雄的年纪了。

直到我把书拿出来，他一直都在非常专心地听我说话。他瞄了那书一眼，把它扔回到我的怀里，说："我的家非常欢迎你来，但不欢迎这本书，你们两者中必须有一个离开。你想在这儿待多久就待多久，但你的书必须扔到大街上。我认为，平克顿的书，对于我所代表的一切，是一种冒犯。”

这对我又是一个启示，同样的场景此后我也见到过很多次：成百上千的人曾与我谈论过他们最钟爱的项目；许多董事会曾庄严地认定世界必定站在他们那一边。我也多次敦促他们遇事多做调研，要感觉大众的脉搏。我告诉他们绝不能自行判断大众的喜好。有些人听进去了，于是他们功成名就；有些人嘲笑我的看法，虽然有些决定自行判断世界好恶的人也成功了，但他们中十之八九的人都失败了。让我觉得最荒谬的是，一群头发花白的董事竟要决定家庭主妇们需要什么。

我刚才提到的那件事结局还算不错。我垂头丧气地离开镇长那里回到了家。我真没想到，竟会有人这样评价侦探故事，那些我心爱的故事。

母亲鼓励我再接再厉。她说：“去找那些做生意的人，到大百货商店去，听听他们怎么说。”我照办了。大百货商店的经理买了一本，而且他还带我到各个办公室转了一圈，又帮我卖出了 6 本。最后我把艾伦·平克顿的自传全部卖出去了。

这又使我得出了一条经验：**我们绝对不能以一己之见去判断人性**。我们想要的东西，我们喜欢的东西，可能只对某一小众有吸引力。在广告界中，因个人喜好所造成的损失必定能够轻易偿付国家的外债。我们生活在一个民主国家里，对每一条法令每个人都会有自己不同的观点，更何况是对某事某物的喜好和需求呢？只有那些冥顽不灵、石头脑袋的笨蛋，才会全凭自己的喜好一意孤行、贸然挺进。像诸事诸物一样，**我们做广告的，应听从公众的意见。**

你将发现，这一点就是本书的主旨。我有一艘航海游艇，可你能想象我不带航海图或指南针就出海远航吗？如果没有这些资料，我必定需要一路测量着水深前行。

我们都受环境影响，有钱有势的人总是讲究门当户对，有特定喜好和倾向的人也多是如此。地位越高，我们离普通的人性就越远，但若克服不了这一点，在广告业里就行不通。

我曾见过很多根本没有希望成功的尝试与项目，之所以会有这类尝试与项目产生，原因就在于那些执迷不悟的人总是以少数人的想法来判断多数人的行为。如果不是因为生意上的必需，我根本不会参与这种经营活动。人是不可能被说服的，他们总是按照自己对事情的有限理解贸然行动，不管对错。我的职责就是尽量以最少的代价，向他们指出可行的道路或沿途的礁石。

让我在此暂且离题，来谈谈成功之道总是藏于普通大众之中这个问题。普通大众构成了绝大多数，了解大众且身为其中的一分子，便会有更多的成功机会。

在广告业中，我所目睹的几个最成功的例子都是由一些很不起眼的人创造的，其中有两位现在是广告公司的老总。在这两位中，有一位在广告业里挣了大钱。他是一个连自己名字都不会写的人，但就是这个人最了解普通人，而普通人也愿意买他卖的东西。另一位能写一手好文案，虽然他写的每一个句子都有语法错误，但他也能让农场主情愿以自己的谷仓作抵押来响应他的广告。

现在好多大学生跑来找我们说："我们受过教育，我们有文学修养。"我告诉他们，这种教育和修养其实是阻碍。大部分人并不懂怎么欣赏文学修辞，即使他们懂，也会敬而远之。因为对于花钱这件事，人们都怕受到过分的影响。任何特别的东西都只会引起他们的怀疑，任何明显的推销都会引发相应的抵触，任何看起来像是来自上流社会的推销手段都会让他们感到别扭。总之，所有人都会对不自然的灌输感到厌恶。

我们在广告这一行里找寻的是，那些能够把握大众脉搏的人。我们从来不问他们的教育程度、文学素质，因为这方面的欠缺是很容易弥补的。如果有一个人能够向我们证明他很了解人性，那我们会张开双臂欢迎他的加入。

让我举两三个例子。有一天，我收到一封显然是偶然寄给我的信。信中说："现在市场对现烤肉饼的需求很大，而我就生产这种肉饼。我把它们命名为'布朗太太肉饼'，因为人们喜欢家制的食品。我已经创造出了相当大的需求，我认为潜在的需求更大。我需要资金来扩大生产。"我在这个人身上看到了原始的直觉，他的肉饼并不吸引我，但他那种少有的对人性的洞察吸引了我。于是我派人去调查，发现写信的人是个简陋饭馆的夜班厨师，每周只挣 8 美元。我让那个厨师到我的办公室来，每周给他 25 美元，让他去学广告。就这样他加入了我的公司，现在已经成为国内广告业中的佼佼者。

还有一个人是从威斯康星州的马尼托沃克来到芝加哥的。他在一家名叫汤普森的餐馆吃早点，餐馆的烤苹果使他想起了家乡。他对自己说："像我这样从乡下来到芝加哥的人一定有好几千，现在他们大概占到全城人数的 2/3。我应该告诉他们烤苹果的事。"于是他写了一个烤苹果的单页广告，把它交给餐馆老板约翰·汤普森（John Thompson）。汤普森先生同意刊登这则广告。这是这家餐馆广告活动的开始，而这一活动最终使得餐馆顾客倍增，汤普森先生也因此成了一个家财万贯的巨富。

很多年轻人或是初入行的人，认为这个行业中的老手们小看了自己。我的经验是，任何一行都在寻找有能力的人，而有能力的人真的是严重缺乏。我们对自己的行业越了解，就越有做不完的事。对任何一行来说，有能力的好手并不多，而所有的好手都在找帮手分担自己的工作。所有意识到这一现实的人都希望能够找到志同道合的人。

汤普森餐馆最初的广告刊登在周日早报上。那时我是一家大广告公司文案部门的负责人，正在寻找新鲜血液。广告见报的当天早晨，我就找到写这则广告的人，把他带回了我住的旅馆。我给他年薪 7 500 美元——一个从威斯康星小镇出来的人大概都从未拿过这么高工资的 1/5。我自认为没有几个人能像我这样对大众如此了解，而他是其中一个。

他没有接受我所提供的工作。因为他已经从自己的第一则广告中发现他完全可以走一条独立发展的成功道路，于是他继续努力并最终获得了成功。他向那些来自乡下的孩子描绘他们家乡的食品：甜甜圈、派、真正的乡下鸡蛋和黄油，为他成功的广告之路打下了良好的基础。

菲利普·伦南（Phillip Lennan）也是这样。他来自锡拉库扎市，经过几年工作锻炼，他加入了罗伊尔·泰勒公司（Royal Tailor）。那是一家专门面向小城镇或农村年轻人提供定制服装的企业。工作期间，他记起几年前自己的处境：年轻人会“误上贼船”（误入一些服装店），只因它们的店名看起来像是会按顾客的要求定制衣服。因此他邀请芝加哥的男士到他所在的店参观，参观过的人成千上万。我聘用了他，给他开的工资是他当时能挣到的两倍，因为他了解人们真正的需要。

查尔斯·米尔斯（Charles Mears）也是这样。他是替温顿汽车[①]做广告的那个人，是我所见过的最有人情味的人之一。为了请他，我给他开了25 000美元的年薪。我对他说：“你是广告界少有的对普通的人性有很强理解力的天才。我们需要你，因为我们奋斗的目标就是寻找真正的人性。”

我之所以举这些例子，目的是要说明好的广告是多么朴实无华，而质朴的人性又是多么重要。这一行里有很多新人，他们有的靠语言、创意的能力，有的则靠吸引眼球的古怪事物。所有这些人都不过是在取悦自己，而这样的行为总是让人生厌。我所知道的广告界中的为人称道之人，都是很谦逊含蓄的。他们来自于平民大众，自然很了解平民大众。

平民大众谨慎精明、精打细算、勤劳俭朴、从不轻信，他们在日常采购中可不容易上当。那些受过高等教育，而又生活在完全不同环

① 1896年美国生产的第一部汽车。——译者注

境里的人，是很难理解他们的。

今天，我们可以看到，那些大企业的经营者们都是一步一个台阶走出来的。基于他们这种一步步上升的经历，对于一路走来遇到的那些人，对于手下那些被指挥和受影响的人，他们也有很多了解。尽管如此，没有任何一个行业像广告业这样，更需要这样的了解。所以，在此我所讲述的这些经验，也是广告、企业或政治中最基本的要求。

3. 我在生意上的开端

高中毕业之前，我的理想一直都是当一名牧师，当时我一直在努力研读《圣经》。我们家最常玩的游戏是接龙诵读《圣经》赞美诗。像单词接龙一样，我们围成一圈比赛背诵赞美诗，犯错的人就退出，直到圆圈里只剩一个人。而那个剩下的人总是我。我所记得的赞美诗，也要比任何一个我所认识的人都多。

牧师也常来参加我们的游戏，可在《圣经》比赛上他不是我的对手，我知道的赞美诗要比他多好几倍。7 岁时我就已经能写讲道的布道词，并将其在父亲的印刷所里排印。我经常在祷告会做小型的布道，因此所有人都认为，未来我必定会在圣坛上布道。高中毕业时，我代表我们班在毕业典礼上致告别词。我的告别词是关于野心的，我还记得当时我怎样贬低野心，同时又多么希望有一个清贫而奉献的人生。

高中刚毕业的那个暑假，每个星期天我都会到我教书的一个乡村学校里布道。那个学校离我们家有 12 英里，而我总是带着行李步行到那儿。我发现校董事会里没有一个人能读能写。董事会主席同时也是当地社区的领袖，他的这个职位是用一桶威士忌酒换来的。一艘船在密歇根湖上失事，船上的这桶酒漂流到岸边，那人很慷慨地与大家分享，于是他的家就成了当地社区的集会总部，直到现在那个酒桶还摆在他家客厅的角落里。

那间客厅里的其他家具只不过是一个烧木柴的火炉和三个肥皂箱。我在其中的一个箱子上落座，努力让这个不识字的人相信我够资格教书。最后，靠着念了年历上的一则笑话我才说服了他。那本小册子就是他的整个图书馆，而我能够把上面的东西读出来，对他而言这就是天门大开。这又给了我一个经验，不只因为大多数情况下我都得和没有文化的人打交道，还因为他们都是些淳朴的人。我真的喜欢他们，也了解他们的天性。

资格问题解决了，接下来就是报酬问题。他们正在筹划开办一个为期两个月的暑期学校。我们到会计的家里计算社区的财源，共计 79.5 美元，这笔钱就是我的薪水。

我找到一户农家，他们有一架新风琴，还有两个想学风琴的女儿。我提出教她们音乐课，另外每周再付 1 美元作为我的住宿费。那个暑假每月我可以积攒 35 美元。在我开始正式工作之后，过了很久很久我才积攒到相同数额的钱。

在那个社区，我星期一到星期六是学校里的老师，星期天则是牧师。在那儿，我每天都对人有新的了解。各位读下去就会发现，当时的经历是我至今最大的收益。

那个暑假结束的时候，我去芝加哥找母亲，当时她正在米尔博士位于布赖顿公园的家中拜访。我抵达的第二天是星期天，当天下午，当地牧师来找我们，他生病了，第二天不得不多休息一天。他告诉我们他很担心那天晚上的祈祷。于是母亲建议我去化解他的困扰，毕竟我是正在学当牧师的学生。

我意识到这是一次危机。当时我已经偏离母亲对于宗教的严格观念，我想对于我的真实想法，她一定不会赞同。她属于基本教义派，对人性的邪恶、地狱之火及其他所有的奇迹都深信不疑。对她来说《圣经》就是历史，是由受神的启示的人写出来的，字字句句都须深信；世界是在 6 天里创造出来的，夏娃是用亚当的肋骨做成的；威廉·布赖恩[①]也肯定会成为妈妈的偶像。

我已经逐渐远离母亲的正统观念，但我还是不敢告诉她，因为那无疑是摧毁她的梦想。但是那个夏天，我根据自己对宗教的理解准备了一篇布道辞。在布道辞里，我赞同生活中那些没有害处的人生乐趣，而我自己早已被排除在这种乐趣之外。我认为地狱并不存在，也反对原罪及我曾经相信的教义，甚至对创世纪的故事以及约拿与鲸鱼的故事也有质疑。

我答应那天晚上去发表这篇布道辞，并准备承担后果，那年我 18 岁。从那时起至今，我再也没有害怕过面对如此危机。除非我要当牧师，我觉得我的学生生涯就此暂告一个段落。我到芝加哥来就是要决定我的人生道路，现在就是一个考验。

当晚在讲道坛上的经历，至今仍是我印象最深刻的记忆之一。现场听众有 800 人，平均年龄是我的两倍。我没有在意他们，我心里想的就只有母亲一个。我知道坐在我身后的牧师是母亲的朋友，他的正统观念和母亲一样。因此，我觉得我自己实在有点离经叛道。在记忆中，我从来没有面对过如此的对立，我认为那次布道是我生命中最恐怖的事件。

随着布道继续下去，牧师越来越坐立难安，母亲的脸上阴晴不定，听众们看来也被吓坏了。等我讲完后，牧师用颤抖的声音做了祈祷。听众们沉默地走出去，没有一个过来和我打招呼。我知道自己被

① 威廉·詹宁斯·布赖恩（William Jennings Bryan，1860—1925），美国律师、政治家，主张对《圣经》做实事求是解释的保守派政治家。——译者注

这群我曾经希望带引的教徒放逐了。

回家的路上母亲沉默不语，晚上她也没有跟我说一句话，我知道我已经将自己带到了别离的路口。第二天，母亲邀我到市中心共进午餐。在迪尔伯恩大街那家餐厅的餐桌上，她终于谈到这件事，她说我再也不是她的儿子了。我没有等待她有任何更进一步的表示便起身离开，从此永远关上了通向牧师的大门。

母亲从此不再像以前那样对我，她不能原谅我的过错。我们从那天起也鲜有会面，她一直注视着我在其他领域获得成功，但从不和我讨论这些事，我打碎了她的梦想。其实如果广告业也像宗教那样让我感到压抑的话，我也会放弃它。实际上，我曾多次因为相同的理由放弃了很多大客户。我相信每个人都应该如此。如果一个人不能认同他的职业，不能从他的职业中获得快乐，那么他是不可能成功的。我认为事业就是游戏，我们应当像享受游戏一般享受事业。这就是为什么我一直热爱广告业，并且至今依然。

在那个命中注定的日子，我站在迪尔伯恩大街上，摸了摸口袋，只有 3 美元了，其他积蓄都留在了密歇根州。我想起春湖市的叔叔家有一个果园，那时正值水果采摘季节，于是我决定去那里帮叔叔摘水果。

我来到港口，在那儿找到几艘从马斯基根来的运木船。其中一艘船的船长同意让我在厨房做一个打杂小伙计，这样我就可以搭船了。船到马斯基根后，我步行到春湖。叔叔安排我摘水果和做别的事情，每天挣 1.25 美元。那些收入加上我做教师时攒下的钱，一共有 100 多美元，可是我需要 200 美元才能上商学院念书。

祖父那时住在叔叔家，他很欣赏我工作的态度，叫我“执著先生”。果园里有两个男孩，一个是我，另一个是和我年纪一样大的堂兄弟。我每天工作 16 个小时，堂兄弟却能偷懒就偷懒，所以祖父决定支持我。他一共只有 100 美元，是用来给自己养老送终的，他把这笔钱给了我，条件是在他死后由我负担他的丧葬费用。我当然答应了。

那是我人生的另一次危机。我和堂兄弟同样年纪，谁也不能说我们俩谁的资质更好。在某些人眼里我是个自甘堕落的孩子，受到很多批评。可我已经有 100 美元的存款，并且拼命工作；另一个孩子却分文没有，还不爱工作。于是我就获得了后来改变我命运的援助。那个孩子后来成了消防员。类似的关键时刻之后我也亲眼目睹过。**勤俭的人总能得到命运之神的眷顾，而这样的眷顾一般都是人生旅程中最为重要的事情。**

凭借这 200 美元，我去了大激流市[①]，进入斯文思堡（Swensburg）商学院，一个很奇特的学院。斯文思堡"教授"写得一手好字，就凭这一本事，他成了商业老师，可他什么也没教会我们。在我们看来，他所有的知识就是要弄他的笔杆子。我们还不如用这 6 个月的时间到一所大学里学习那些正经的语言文字呢！毕业后我们本应成为记账员，可我们对账本的所有认识不过是一些空洞的图表而已。

真正教给我们知识的是一个叫威尔顿（Welton）的人，我们叫他威尔顿"教授"。实际上，他直到死的时候也不过是个大楼管理员。而他所谓的教育，就是羞辱所有的学生，让我们自觉一无是处。他的话总是尖酸刻薄，充满讥讽。他最喜欢的恶作剧，就是教我们拼写一些谁也念不出来的词，这让我们觉得自己真是无药可救。记得有一次他写了一个"charavari"，我们这帮人谁也读不懂，于是他就让我们去查字典，第二天早上再去找他。正如他所料，我们谁也查不到这个字，我们甚至连头三个字母都无法弄清楚。这就给了他一个机会笑话我们这些人是多么饭桶了。

斯文思堡"教授"给我们上早课，他的目的好像也是要让我们觉得自己很卑微。对于一个注定要在高凳子上终其一生的记账员来说，

---

① 密歇根州第二大城市，人口二十多万，因有一条大激流而得名，沿河两岸丰富的木材使之成为家具之都。——译者注

也许这种自卑心理是一种重要素质，我越来越觉得是这样。他不断打击我们的信心，就是让我们确信自己毕业后只可获得周薪 4.5 美元的记账工作。没有启发，没有鼓励，只有高高在上的嘲弄和讽刺。不过他对我们的看法还是对的，要花更多的钱雇斯文思堡的毕业生，那一定是花了冤枉钱。

当我的学习快结束时，钱也差不多快花光了。我开始考虑回到果园去帮工。一天早上，斯文思堡“教授”带了一张明信片来上课，这张明信片就是那堂课的主题。他说，“我总是和你们说，孩子们，你们总有机会得到一份每周挣 4.5 美元的职位。现在我手上就是证据，一个这样的工作借着明信片来了——不是信函，就是想省点钱。一个在大激流市做生意的人写给我的，他有一个每周挣 4.5 美元的记账员职位，让我推荐一个人给他。你们大家不要现在就报名，如果有谁想要这份工作，下了课到我办公室来，我会给你们那人的姓名和地址。”

其他孩子都大笑起来，以为这又是教授在拿他们的无能开一个新的玩笑，可我却悄悄地挤到了门边。课后斯文思堡“教授”走下楼梯之际，我是唯一一个跟在他后面的人。

他给了我一封给斯塔德利（E.G.Studley）先生的信，这样，我就去面试了。斯塔德利先生在大激流毡靴公司有投资，原来记账的小伙子升做主管了，现在他们要找个人代替他。如果这位主管觉得我合格，我就能够得到那个职位。

我见了这位主管先生，而且被录用了。记账只是我工作的一小部分，我还要扫地、擦窗户，另外还要跑外勤。最主要的条件是我不能穿外套上班。这位主管是个很民主的人，但他不允许自己周围的人是“废物”。因此，无论是在办公室里还是跑外勤，我都总是穿着衬衣，从来不穿外套。我之所以适合那个职位，是因为我有两件衬衣。

接下来的问题是每周如何靠 4.5 美元过日子。我找到一间小屋，房东是个寡妇，她希望家里有个男人，房费是每周 1 美元。在一个杂货店楼上的小饭馆里，一个邋遢的男人给我提供脏乎乎的伙食，每周收我

2.5 美元。那已经快要超出我的能力范围了，因为我还得留下洗衣服的钱，所以我和他商量，结果是每周少吃两顿饭，他只收我 2.25 美元。

那时我很年轻，好动，总是食欲旺盛。所以一直有这样的问题：少吃哪两顿饭呢？我试过不吃早餐，可从早晨起来我就饿；我试过不吃午饭，可整个下午又因此完蛋；我唯一的办法就是晚上用最快的速度跑过那个饭馆，冲到自己床上。可这并不容易做到，除非我已经跑出了那条街。食物的香味常常使我忘记自己是因为袖子干净才拿到了这份工作。

这些事听起来好像很可怜，实际上却不然。与我从前在雪松沼泽地干活的经历相比，这已经好了许多了。现在的我可以独自拥有一间卧室，而不是和一大群铁路工人一起挤在干草堆上。其实，只要我们是在向前，就没有什么辛苦可言。而一旦开始沦落，即便是从大理石建造的大厦搬到比较便宜一点的房子，都会让人难以忍受。

毡靴公司由大激流市企业界的一些领导人物合资经营。我们的销售季只在冬天，所以整个夏天我们都要借钱为冬天的生意做准备。我们的票据得由董事们背书，因此我的一项职责就是跑来跑去以取得各种授权书或续订协议。就是在这个过程中，我遇到了比斯尔吸尘器公司的老板比斯尔（Bissell）。

比斯尔先生是个亲切和蔼的人，我觉得在他那儿我有可能拿到更多的薪水。有一天，我在他去吃午饭的路上拦住了他，向他诉苦，说一个年轻人一周只靠 4.5 美元过活是多么困窘，这点无需夸张。当时我告诉他每周我都不得不少吃两顿饭，关键是，我还梦想着能够吃上甜饼。我知道有一家餐馆在晚饭时供应甜饼，但它们的伙食标准是每周 3.5 美元。那时我最大的野心就是吃上那份甜饼。

从他那里我对人性又有了新的认识。挣扎与贫困并不能打动他，他对这些知之甚详，也认为这对任何人都有好处。可他也喜欢甜饼，而且从不避讳。于是他邀请我去他家吃甜饼，还给我安排了一份每周 6 美元的工作，就这样我也每天都可以吃上甜饼了。

4. 初涉广告

那次见到比斯尔先生之后，我们又见了很多次面。随后天气变冷，我在毡靴公司的工作加重了。

“我听说你工作很努力。”有一天比斯尔先生对我说。

我答道：“我应该努力工作，之前淡季的时候我日子过得太轻松了。”

他一再要我讲一讲我到底是怎么过的，于是他知道了我经常凌晨2点钟才离开办公室，早上8点钟又再次出现。像所有我所知道的大人物一样，他也是一个工作狂，他的工作量往往是别人的3倍。我持续工作的时间使他对我产生了兴趣，他敦促我加入他的公司。

在我们事业的早期阶段，我们是没有办法以结果来判断自己的未来的。肤浅的人只会以他们自己的喜好来看我们，这种人无足说道。**真正重要的人会以我们对工作的热情来评判我们，这种热情也是他们成功的基础**。他们雇我们来工作，我们的能力是他们最为看重的。

我从 2 月起在比斯尔吸尘器公司工作，职位是助理记账员，每月的工资是 40 美元。到 11 月，我的薪水就涨到了每月 75 美元，当时的我已是会计部的主管，我在这一行的职位也就到头了。

我开始分析其中原因。毕竟养一个记账员就是一笔开支，而所有的企业都希望尽量压缩经营开支。和其他记账员做同样的工作，却要求更多的收入，这是不可能的。最高的工资是付给销售人员的，因为他们能够带来订单，或者是付给那些能在工厂里降低成本的人的，他们都能增加利润，所以也就有理由分享这些利润。我看到了生意中赚钱和花钱这两者之间的不同，于是决定从花钱的部门调出。

就在那时，经理查尔斯・朱迪（Charles B. Judd）给我们办公室拿来一本约翰・鲍尔斯（John E. Powers）写的小宣传册。鲍尔斯是那个时代的广告业领袖，实际上也可以说是广告的“接生婆”。那时广告还是一个婴儿，他当时在为费城的约翰・沃纳梅克（John Wanamaker）[①]写广告，在此过程中创造了现代广告的新概念。他陈述事实，但用的是一种跌宕起伏、使人着迷的方式。沃纳梅克每年付给他 1.2 万美元做报酬，这在当时可以说是一笔很丰厚的工资。他成了所有想在广告业大展鸿图者的榜样，直到今天他在某方面的这一地位也依然没人能够撼动。约翰・鲍尔斯那时所倡导的一些原则如今仍然是广告业的理论基础。

后来鲍尔斯离开沃纳梅克自立门户。比斯尔公司的东部经理托马斯・威廉姆斯（Thomas W. Williams）特别赏识他，从他那里我听到了很多关于鲍尔斯的传奇故事。

有一件事，我记得是发生在匹兹堡。一家经营服装的企业快要破产了，他们找来鲍尔斯。他很快分析了一下形势，说：

① 美国费城的一位商人，业界公认的第一个现代意义上的广告主。1870年，他发明了百货公司和标价签，并且首次在报纸上购买版面宣传自己的商店。——译者注

“只有一个解决办法，那就是讲真话，告诉大家你们快要破产了，唯一的补救方法就是迅速地大量甩卖。”

那些服装销售商们不同意，认为要是这么做了，所有的债主就都会找上门来。可是鲍尔斯却说：“没关系。要么按我说的做，要么我走人。”

第二天，这些销售商就登出了一则类似这样的广告：“我们快要破产了。我们欠了12.5万美元的债务，我们还不清这笔钱。这个消息会让我们的债主跑过来掐住我们的脖子，但是如果你们明天来我们这里买东西，我们就有钱给他们了。否则，我们就彻底完蛋了。以下是我们为此给出的特别价格：……”

最后的结果是广告界的一个奇观。这条消息引起了人们的同情，成千上万的人潮水般地涌去购物，这家公司得救了。

还有一次，有人请他给一批卖不出去的雨衣做广告。他问：“这些雨衣怎么了？”货主说：“我告诉你，你可别和别人说，这些雨衣烂掉了。当然，广告里可千万不能这么说，不过这是事实。”

第二天，鲍尔斯带着一则广告来了。广告上说：“我们有1 200件雨衣。它们几乎值不了多少钱，可按我们的价格购买还是合算的。来看看吧！如果你觉得还算值，那就买下吧！。”

货主看后一下子跳了起来，简直想揍他一顿。“你什么意思，竟然登广告说我们的雨衣烂了。”他叫喊道，“我们以后还怎么把它们卖出去。”

“我只是把你告诉我的话写出来，”鲍尔斯说，“我只是把事实告诉大家。”结果在货主还没平静下来之前，所有的雨衣就都卖光了。

当时，他的名望正处于巅峰。他应威廉姆斯之邀，给比斯尔吸尘器公司写了一本宣传小册子。小册子是印在牛皮纸上的，鲍尔斯的一个理念就是做事方法基于事情本身。我清楚地记得印在小册子上的第一句话：“要买吸尘器，就要买对——这个吸尘器无可匹敌。”

可是他对吸尘器一无所知：他对我们的经营情况并没有进行过研究；他从没花时间研究一下家庭主妇对吸尘器的要求；他并不了解我们的问题。

我对朱迪先生说：“这样是卖不出去东西的。这本宣传小册子里没有一个字能打动家庭妇女们前来购买。让我试试，3 天之内，我会交给你一本新的小册子来和这本做个比较。我会根据我对问题的了解去写。”

朱迪先生笑了，但还是同意了。在随后的两个晚上，我根本没合过眼，第三天我交上去一本全新的宣传小册子，所有人都同意用它来代替鲍尔斯的那一本。鲍尔斯起诉了他们，想索要一笔稿费。但公司以我的小册子为凭进行了反击，并赢了官司。

当时的吸尘器生意还处于初期阶段，用户少，销售额低。为了强化我那本宣传小册子的效果，我请求公司允许我为扩大需求尝试一次。圣诞节快到了，晚上在回家的路上，我突然想出一个主意，何不鼓动大家把吸尘器当做圣诞礼物呢？之前从没有人这样做过。我设计了一种展示产品的架子，还画了很多卡片：“圣诞礼品的皇后”。然后跑到经理那里，请他允许我用信函的方式推销一些产品。

他嘲笑了我一番。像我们所有的其他主管一样，他以前也曾是个推销员。他说：“到大街上去卖你的吸尘器吧！不论是到哪儿，你都会发现它们会因无人理睬而蒙上灰尘，经销商们恨不得把它们白送出去。唯一能把吸尘器卖掉的方法，就是用枪把人逼到墙角让他签订单。如果你觉得仅靠写封信就能把东西卖出去，我只觉得可笑。”

但是我写的那本宣传小册子赢得了他的尊重，他同意发几千封推销信试试。于是我将展架和卡片的事写信告诉经销商。圣诞节期间，我向他们免费提供这两样东西，不是作为礼物，而是作为一种奖励。并且不仅仅是在那个时候，以后我也没有让他们掏钱去买，那样做没有什么好处。我只是在提供服务，我只需要经销商和我签一份协议，在那个展架上展示我们的吸尘器和我设计的卡片，这使得他们反而要来求我。

我寄出了大约 5 000 份推销信，由此得到了大约 1 000 张订单，可以说这是我们第一次收到邮寄来的订单。这个新点子使我得以结束在“花钱部门”的工作，转到了“赚钱部门”。

不过直到那时我还没有足够的勇气，我没有胆量在没有把握的情况下贸然下海。这一点，又是托母亲的福。于是我决定，白天做新的冒险生意，晚上还是继续做记账工作。我这样坚持了很长时间。我很少在半夜以前离开办公室，凌晨 2 点离开对我来说是很正常的事。

在孩童时候，我曾学过一些森林知识。我搜集身边所有的树木标本，拿去和其他孩子交换，就这样我收藏了很多有趣的树木标本。这个小小的爱好对我的下一步产生了直接的影响。

我想出的点子是以有趣的木材制造一些比斯尔吸尘器。如果说我之前以信函争取订单的点子得到的反应是嘲笑，那这个新点子引起的就只有同情了。我请他们用 12 种完全不同的木材生产 12 部比斯尔吸尘器，每种木材生产一部，一打为一系列。我要求他们对一个系列的产品按从浅色的鸟眼纹枫木到深色的胡桃木的顺序进行排列，其他颜色放在中间，这样就形成了一个颜色由浅及深的系列。

这引起了大家的一致反对。我说过，我们公司的所有主管以前都当过推销员，其中一人还发明了某些新功能，在他们中间很有影响力。他说：“为什么不讲清扫程序、专利除尘装置、旋转支撑架或是我发明的那些了不起的东西呢？”

“我是在跟家庭妇女打交道啊，”我说，“她们不是机械师。我想给她们讲一些她们看得懂而且真正感兴趣的东西。”

最后他们做了让步，放手让我去干。毕竟我做到了他们原以为不可能的事——靠寄信卖出了吸尘器。他们找不到充足的理由来拒绝我。他们同意为我生产 25 万台吸尘器，全部采用那 12 种木材。

在他们生产吸尘器的时候，我安排了我的计划。我给经销商们写信，内容大意如下："比斯尔吸尘器现在提供每打 12 种不同木质的吸尘器，它们是用世界上最好的 12 种木材生产的。同时提供免费展架和宣传小册子介绍这 12 种木材。免费展架和小册子仅此一次，不会再次提供。如果你们签署随信寄去的协议，我们就向你们提供这套产品。你们必须在展架上展示这套产品和我们提供的宣传册，直至所有的吸尘器都卖出去。在 3 个星期内，你们每卖出一台机器，都要送出一套我们提供的宣传小册子。"我向他们提供的是优惠待遇，而不是一个鱼饵。我以赞助者而非推销员的姿态出现。因此，经销商们积极地回应了我，他们在 3 个星期内把我们的 25 万台吸尘器全都卖了出去。

让我们在此稍停一下，这是我广告生涯的开始，是我最初的成功案例，它靠的是取悦于人，就像我的其他成功一样。这种方式很有效，不仅对经销商，对使用者也是一样。它增加了吸尘器的使用率。同时，这种做法使比斯尔吸尘器公司取得了实际上的垄断地位，这种地位一直保持到今天。①

有的人也许会说："我的机会不像你的那么好，我的产品不像你的那么好。"当然，机遇和产品可能不同，但命运总是提供了成千上万个机会。那时候，没有什么人会比卖吸尘器的人遇到的困难更多了。任何事情都是一样，平平常常地做广告是不可能的。一台吸尘器能用 10 年，利润大约是 1 美元。对于这类产品，从没有人能用平常的广告方法获得盈利。

---

① 比斯尔吸尘器公司至2007年仍经营良好，在美国、加拿大、英国等市场上继续出售吸尘器等清扫产品。总部也仍然位于美国密歇根州的大激流市，有兴趣的读者可以参见 www.bissell.com。——译者注

要说成功的机会，没有任何领域里的年轻人会比我当时所有的成功机会更少。随便一个在银行里、在木材行里、做轮胎生意或是开杂货店的人，其成功的机会都比我大，唯一的区别在于我们的理念不同。我认为行政杂务是一种支出，而所有的支出都应该最大限度地压缩。因此，我努力要进入盈利部门，在那里发展是无止境的。

运用那 12 种木材的成功使我获得了很大的声誉，接着我又开始找寻新的点子。我去了芝加哥，在那里，我看到一辆普尔曼牌轿车是用朱红色木料装饰的，那是一种很漂亮的红木。我跑到普尔曼生产车间问他们这种木料的事，他们告诉我这种红木来自印度。当时，那里所有的森林都属于英国政府，这种木材都是由犯人砍伐下来，再由大象拖到恒河边。这种红木的比重大于水，所以在每排红木两边都要绑上普通的木材，这才能让它们浮在水上顺流而下。

他们的讲述在我脑海里描绘出了一幅很有趣的画卷。政府森林、罪犯、大象、恒河……在回家的路上，我的眼前真的展现出了那样的画面。

第二天早上我回到大激流市，又回到了尘世中。对于政府森林、印度王公贵族、大象、恒河等，我的老板们才没什么兴趣呢！他们整天想的就只是怎么完善一种新的除尘装置。

我费很大的劲儿劝说他们。我请他们订购一船红木，他们又笑了起来。他们再一次说，吸尘器的用户才不会对木料感兴趣呢，他们想要的是优质的清扫性能、高效的自动倾倒装置、纯鬃毛的刷子以及诸如此类的东西。简直不可理喻！和他们讨论问题就如同对牛弹琴。

好在我以往的成功给我带来了一些好名声，我最终说动他们给我买了一船我想要的红木。我一边等着到货，一边筹划我的促销活动。我用红木的颜色套印宣传册正文的开头，信封也采用同样的红色——在红底上印上白色的地址。我印了 200 万份宣传小册子，封皮就是红底和一个印度王子的头像。这些小册子讲述了一个足以勾起人们好奇心的故事，能够引得主妇们都想看看这种木料。没有什么因素要比好奇心更积极有效了。小册子里加上了图画森林、罪犯、大象、恒河和普尔曼牌轿车的图片。我印发了10万封信给经销商们，向他们介绍这种木材。

几周后，木材运到了，且都被削砍成原木的形状。几个小时以后，工厂主管约翰逊先生满含眼泪来找我，“我们想把这些木头锯开，”他说，“可我们的锯子都给弄断了。这些木头简直像铁一样硬，根本切不开。整船木头都没有用了！”我说：“打起精神来，约翰逊先生。每个人都要去解决各自的难题。他们说我不可能靠寄信卖掉吸尘器，可我做到了。现在你是生产方面的行家，你可不能给吓倒了。”

在想办法用双人大锯把木头锯开之后，他又带着新的抱怨找我来了。他无法在木料上钉角钉，所以他觉得没有办法用这种木料做吸尘器。我说：“约翰逊，你真是麻烦。来，你坐到我的位子上来试试卖吸尘器，我去替你造机器，给你的角钉打几个洞。”

但是压力越来越大了，生产几乎停止了，吸尘器的成本增加了。我只能让步，每打吸尘器中只有3台用红木，其余的还是使用普通木料。

很快我就开始寄信，这些信并没有强迫经销商去购买吸尘器，而是为他们提供销售吸尘器的特许权。只要立即订货，每打货物中就能包含3台红木吸尘器。经销商们可以自行定价销售它们。但是，我们提供红木吸尘器只此一次。唯一的条件就是经销商必须签署附在信后的一份协议书，保证在售出之前展示这些吸尘器和我们提供的宣传卡，并且在随后3周内在每一件离店的商品中都放入我们红木吸尘器的宣传小册子。就这样，我再一次让经销商主动来找我们。

市场的反应出人意料，比斯尔吸尘器公司在接下来的6个星期里挣的钱要比以往任何一年全年赚的还要多。它们极大地增加了吸尘器经销商的数量。而且，它们用一种当时还没有普遍使用的机器激发起了家庭主妇们的购买兴趣。

在那之后，我放弃了记账工作，把所有的时间都投入到了销售工作上，我靠邮资只有一分钱的推销信卖出的吸尘器比我那 14 位同行四处奔波所卖的加起来的还要多。同时我们的推销员总是有新特色可谈，因此销售额也增加了。就这样，比斯尔吸尘器公司获得了它今天仍然拥有的地位，它几乎控制了 95% 的市场份额，经销商成为其最有效力的广告厂商。随着市场需求的不断增长，我认为，比斯尔吸尘器公司已经成为大激流市最富有的企业。

我的工作是每年筹划 3 个销售项目，全都涉及装饰和木料方面。比如说有一次，我发现有人申请了一项专利，是关于一种彩色面板的制作技术的。把颜料涂在面板背部，颜料会顺着面板上部的木质纹理渗透上来，形成一种很美妙的效果。我给这种木头饰件起了一个上口的名字，然后把样品附在销售信函里。

这次，我向经销商们提供的每 12 台吸尘器中有 3 台是金色的，就和我们当时在芝加哥世界博览会上所展览的完全一样。就这样，我等于是把世界博览会办到了全美各地的千万个橱窗里。

不过，不到两三年的时间，我就发现自己快要拿不出新的方案了。吸尘器的外观能够提出的变化是有限的，要想出新的点子越来越难，我觉得自己快要江郎才尽了。于是我开始考虑为自己寻找更广阔的天地。

就在此时，芝加哥的洛德暨托马斯广告公司第一次给我提供了一个职位。它们的营销企划人员卡尔·格雷格（Carl Greig）离职加入了《越洋》杂志（*Inter Ocean*），去做增加发行量的工作。洛德暨托马斯广告公司注意到我在吸尘器上的杰出表现，就邀请我接替他的职位，工资比我在大激流市的要高得多。于是我对比斯尔的人说，我希望去应聘。他们召开了一次董事会议。过去，董事会的所有人都曾强烈反对过我，他们对我的每一个销售计划都说三道四，从来没有停止过批评我用各种木料来做吸尘器促销的主意。但是他们全体一致同意用和洛德暨托马斯广告公司一样的条件来挽留我，于是我就留下来了。

就我而言，那只不过是一个临时的打算。我感到有更广阔的天地在召唤我，芝加哥的邀请对我的野心是一个刺激。不久以后我得到了一个更好的机会，便辞职了。

5. 更广阔的天地

现在我的生命进入了悲剧的一章。我在大激流市几乎已经到了发展的极限。洛德暨托马斯广告公司发出的就职邀请使我名声更响。在我的心中，希望在不断膨胀，我开始急于向上发展，这与我妈妈以前的影响不无关系。

但那时我刚刚在大激流市建了新家，我认识的所有朋友都在这个城市，在那儿我小有名气。我明白，如果到一个更大的地方，我就不得不牺牲一些我最喜爱的东西。

我一直假定根据一般公认的标准，我想要的东西都是正确的，雄心壮志在任何地方都是受欢迎的。但我仍然常常回到大激流市去，我对我的老朋友们的生活实在有几分嫉妒。他们一直生活在和平宁静之中。他们没有很高的希望，成功和金钱稳步向他们走来。但是回首看看我自己，我发现经过生活的风风雨雨，我并没享受过什么他们没有过的特别的快乐。我拥有名气，但我并不因此感到开心。金钱上的收获当然丰厚，但我从来无法愉快地消费它们。其实我从心底一直很希望自己能走上平静的道路。这本书是在邻近大激流市的花园里写的，一种独特的家的感觉把我吸引到这些花园里。当我的老朋友们和我又在这里聚会的时候，真的很难说谁的生活旅程更明智一些。

那时芝加哥的一家食品加工公司——斯威福特公司（Swift & Company）登报招一位广告经理。我查到这家公司，发现他们那时的资本是1500万美元，打算一年在广告上投入30万，这在当时足以使他们成为美国最大的广告主之一。我觉得比斯尔公司能提供的机会连他们的1/10都没有，于是我试图要获得这个在芝加哥的职位。我一点也不怀疑我做这份工作的能力，在密歇根的时候我就是个呼风唤雨的人物，我从没想过其他权威人物会像对待奴才那样对待我。

我去了芝加哥，然后又去了好几处牲畜饲养场。我被引见给里奇（I. H. Rich）先生，他是人造黄油部的主管，也正是那个极力主张公司大登广告的人。

“里奇先生，”我说，“我是来应征那个职位的。”

他慈祥地对我笑着，询问了我的姓名和地址，然后在一张纸上写下了我的名字，那张纸上在我的名字前面已经列了好多人了。

“这些名字是什么人？”我问。

“怎么了？他们是其他的申请人。”里奇先生对我说，“一共有105人，你是第106个。”

我被吓住了。居然有106个人认为自己适合这个高级职位，真是不知道天高地厚！

我回过头对里奇先生说：“我到这里来主要是想看看我在广告圈所处的位置在哪，并不是真的对这个职位志在必得。我还是很想念大激流市，我觉得我在那里很快乐。但现在这是一种挑战，我会向你证明我是最适合这个职位的人选。”

里奇先生又笑了，他说：“那就来吧，上帝保佑你。我们也希望你能证明自己的实力。”简短地交谈了一会儿，他就让我走了。

我熟悉芝加哥所有的大型广告公司，他们都曾请我给他们一些创意。于是那天下午，我挨家挨户地去找他们说："请今天就帮我给芝加哥联合饲养场斯威福特公司的里奇先生写封信，谈谈你们对克劳德·霍普金斯的看法。"所有的人都答应去做，我也知道他们中的一些人很会写一些阿谀奉承的话。

那天晚上我回到了大激流市，那时候我正好刚刚受雇于当地的商会，给他们写一些大激流市的历史。商会里的人很喜欢我写的东西，写那本书使我有机会接触到商界领袖。第二天早上我开始出门拜访他们。首先我约见了银行家，然后是家具制造商，然后是批发商，再然后是其他行业的商人。我花了两三天时间去联络他们，我对每个人都说："请给芝加哥联合饲养场斯威福特公司的里奇先生写封信，谈谈你们对克劳德·霍普金斯作为一个文案和广告人的看法。"就这样，信件像潮水一样涌向里奇先生。

然后我又去了《大激流市先驱报》，对他们说："我想每天就广告这个题目为你们写两栏专题文章，你们不用花任何钱，而这些文章还可以教教那些广告主们怎么做广告。我所要的唯一条件就是你们允许我在文章上署名，同时在见报时刊登我的照片。"

他们同意了我的要求。就这样每天晚上下班后，我都要写那两栏的文章，然后骑着车在午夜之前赶到报社交稿。所有的文章都是针对斯威福特公司写的，是写给里奇先生看的，我要通过这种写作表明我对广告的了解。文章一见报，我就把它们寄给了里奇先生。

经过3个星期的"轰炸"，我终于收到了斯威福特公司发来的电报，他们让我到芝加哥去。我去了，但还没有打定主意是不是要接受这个职位。我比以前更加意识到，离开大激流市，我会很孤单的，但我还没有完成征服任务，所以我还是上路了。

我们没有讨论薪水的问题，那还不是时候。我的想法是，要向他们流露出我要的是一个他们不可能接受的价格。我这样做了，斯威福特先生（当时的总裁G. F. 斯威福特先生的儿子，现任公司总裁）断然拒绝了。他既没有读过我的推荐信，也没有读过我发表的文章，我没有给他留下任何印象，他唯一考虑的是我对薪水的要求。

于是，里奇先生建议当天下午再开一次会进行研究。他请我到外面去吃午饭，在饭桌上他像一个父亲一样和我说话，他向我指明我现在的生活圈子是多么的小，如果不改变，将来还会是这样，斯威福特公司给我提供的职位会成为我的履历中重要的一环，他们有很多商品要做广告，我将有不可限量的前景。他告诉我拒绝这样的机会有多愚蠢，最终我听从了他的劝说。午餐后我回去了，接受了他们开给我的薪水，同意在三个星期内上班。

第二天早上，我回到在大激流市的家，在门廊里和家人见了面。我家门前有遮天蔽日的大树，还有许多花草。我拿它们和饲养场比较，那里只能看到肮脏的牲口棚和猪圈，而且去办公室的路有一段非常泥泞，我又后悔我的举动了，我付出的代价好像太大了。如果不是已经做出了承诺，那么那个早晨我会悄悄地跑回去过我的平淡生活。而现在，时间已经过了30年，我想那个早晨我还是应该悄悄地跑回去。

三个星期后，我去了芝加哥。我在第四十三大街找到一间屋子，因为那里有车开往饲养场。房间很小，很黑，也很脏乱，我必须爬过我的坛坛罐罐才能上床。在衣柜上我放了一张照片，是我在大激流市的家。只有把那张照片翻过去对着墙时，我才能入睡。

第二天早上，我去了饲养场，正式开始了我的工作。里奇先生不在，于是我被引见给公司总裁斯威福特先生。他根本不记得我。

我说："三个星期以前，您雇了我做广告经理。"

"是吗？"他说，"我完全忘记了。如果你真的被录用了，那就去找豪威吧。"

用这种方式接待一个孤身而来的人，让我有了一种受挫折的感觉。怎么能这样对待一个骄傲的人，一个自认为很重要的人？这样对待一个从小地方来，却在当地人人皆知的人？

但我受到的冷遇还是超过了我的预料。我被录用时，当时的总裁G. F. 斯威福特先生在欧洲。那是他第一次休假旅行，但他受不了这种旅行，很快就回来了。他马上就问我在他的办公室里干什么，当他知道我去那儿是花他的钱的时候，他马上表现出不喜欢我的态度，此后一直未变。

他立刻就做出了安排，让我的职位变得岌岌可危。他的生意不是靠印发广告创建起来的，他不会让别人占他的便宜，不必请求别人光顾他的生意。他完全靠实力去争取利益，他不需要他的生意活动中有一个广告人，就和一个将军不需要有一个诗人在身边一样。

他使我的工作变得很艰难。我来自一个很有人情味的环境，办公室里的人都是朋友，而在这儿我却进入了一个战场。办公室的里里外外，每一个做生意的想法都会引起矛盾和冲突。30 年前的食品加工行业与今天的情况相比可是大不相同。

G. F. 斯威福特先生是个非常虔诚的信徒，我相信他做事是有道理的，而他自己也坚信这一点。当时生意就和打仗一样，他是一个十足的独裁者。没有人想给对方喘息的机会，也没有人讨饶，这样的氛围后来把公司的名声变得很坏。

斯威福特先生是个好斗的人，而我就是他的一个靶子。我的样子长得很傻，我又是在他外出旅行的时候被塞进公司的，目的就是要挥霍他辛苦挣来的钱，于是我就必须承担后果。很多人一听他说话就吓得发抖，而我是抖得最厉害的一个。

斯威福特先生对广告的想法就是在冷藏车上画标志。这些车到处都跑，再加上一些光彩夺目的词句，就是很好的广告了，可我的广告词永远不够闪光。

接下来就是做广告年历，他对这类东西有一种很明确的想法，可我从来不同意这些想法，当然我也无法实现他的想法，因而也得不到他的欢心。

有一天，他让我拍一张牛肉的侧面照片，准备挂在他的肉食厂里。我觉得对我来说这是一次至关重要的测试，所以我找来了六七个摄影师。我们从仓库里找出最好的半扇牛肉来拍照。第二天早上，我拿了一些照片给他看，请他在其中挑一张。

没过一会儿，我看见斯威福特先生怀里抱着那堆照片从他的办公室里冲出来，就像一头愤怒的公牛。他冲向我的桌子，但在离我的桌子还有 20 多英尺[①] 的地方就停住了，把那堆照片扔给我。

然后他走过来说："你觉得这些东西看上去像半扇牛肉吗？它们上面怎么没有颜色？你觉得会有人想要黑乎乎的牛肉吗？"

我解释说，那些照片不是彩色的。接着他就说，"我知道有个姑娘可以画彩色牛肉，我可以让她做这个工作。"就这样，那个姑娘在我们的办公室里也有了一席之地，处境比我好多了。

那时，斯威福特公司主要的广告项目就是为"康托苏特"（Cotosuet）做宣传。一家名叫费尔班克（N. K. Fairbank）的公司已在做"康托莱尼"（Cottolene）的广告，而且发展得很快。我那时候最重要的工作就是对付这家公司。

"康托苏特"和"康托莱尼"都是人工合成猪油的品牌，里面的成分有绵子油和牛板油。它们作为烹饪用的猪油和黄油的替代品供应上市，但价格要低很多。

"康托莱尼"是最早的产品，它一开始就声势很大，优势明显。而我，既然是公司的广告人员，自然责无旁贷，大家希望我马上就能想出办法和"康托莱尼"对抗，一举击败它。那种情形有点像在今天一种普通香皂要与"象牙牌"（Ivory）香皂竞争一样。

我们在波士顿开设了一个分销处，并开始在新英格兰地区做广告。有一天，斯威福特先生来到我的办公桌前，说："我父亲对在广告上花这么多钱很紧张，他认为这是极大的浪费。到现在为止广告效果还不明显。你到这里都快六个星期了，但是我们在'康托苏特'上

---

① 1 英尺 =0.3048 米。——译者注

的销售额几乎一点也没增长。”

我没有必要向他解释。他知道我们的广告运作才刚刚开始，但我意识到我必须用一些立竿见影的方法来帮助他解决现在的麻烦。

那天吃完晚餐，我在大街上散步时，试图分析自己目前的处境。我在大激流市曾取得了很大的成功，可在这里却步履维艰。原因是什么呢？我过去做事得来的经验教训有哪些可以用来解决斯威福特公司的问题？

午夜时分，在印第安纳大街上，我想到了一个主意。在大激流市，我创造过轰动效应，我提出过诱人的主意。我没有直接对人们说“购买我品牌的产品而不是其他人的产品”，我只是给他们一种吸引，使他们很自然地掏钱购买。

为什么不能把这个方针应用于“康托苏特”呢？罗斯切德公司（Rothschild & Company）那时刚刚建完一个新商场，在两个星期后会有一个开业典礼。我认识他们的广告经理查尔斯·琼斯先生（Charles Jones），我决定去找他，给他的开业典礼添一点轰动效应。

第二天我就这么做了。他的百货店在五层，有一面很大的临街玻璃窗，我请他允许我用那道窗户做展示。我说：“我会在那里烤世界上最大的蛋糕，然后在报纸上大做广告。”我许诺说：“我会把它变成你开业典礼中最有趣的活动。”

我的想法是用“康托苏特”代替黄油做一个蛋糕，然后就可以宣布，一种比黄油还要好的产品当然比猪油更好。

琼斯先生接受了我的提议，然后我跑到霍萨特公司（Kohlsaat & Co.）隔壁一家做蛋糕面包生意的公司，请他们焙烤这个蛋糕。我让他们特制一些必需的托盘，用最引人注目的方式装饰这个蛋糕，并把蛋糕做得像屋子那么高。他们照办了。

开业那天，我在报纸上发布了半版的广告，宣传那个世界上最大的蛋糕。那天是星期六，晚上商店就要开业了。晚饭后，我自己也去看那个蛋糕。可是离商店还很远，就被很多汽车堵在国家大道上了。

我步行走过去，前面是喧闹的人山人海，费了好半天的劲我才挤到门口。在每一个大门入口都有一个警察，而且有关部门已经关闭了大门，因为里面实在是容纳不下这么多人。

在随后的一个星期里，有10.5万人爬四层楼梯去看那个蛋糕，电梯根本装不下他们。我在那儿派了演示员发蛋糕的试用品，然后我们给那些猜蛋糕重量猜得最接近的人发奖品。不过谁想要猜，先得买一桶“康托苏特”代用猪油。

那个星期的结果是，“康托苏特”在芝加哥的销售盈利了，我们赢得了几千个用户。

接着我组织了一个小组，负责把我们的计划推行到东部的其他州。这个小组包括一个蛋糕烘焙师和装饰员、三个演示员及我自己。我们去了波士顿，在库柏、贝兹及叶尔萨的商店里做了展览。但还没到中午商店就把我们赶走了，因为来的人实在太多了，他们自己的生意一点也没法做。

我们又开往纽约地区，在每一个城市我们都学到一些新的扩大战果的方法。我们总是找最有名的烘焙师，给他看我们在其他地方做活动的新闻报道剪辑。我们答应让他来烤焙这个蛋糕，然后在我们的广告上大力地为他宣传，条件是，他要买一大箱“康托苏特”代用猪油，有时候是两大箱。我们又跑去找最有名的百货店，给他看我们蛋糕表演的结果，然后我们答应只要他买一大箱听装的，我们就把这个蛋糕放在他的店里。

无论我们去哪里，我们都先卖出足够的“康托苏特”，以保证我们能有利润。然后我们雇几个孩子带着报纸在最主要的大街上叫卖：“晚报，晚报，全是大蛋糕的新消息。”结果，我们让人像洪水一样涌进展示大蛋糕的商店。于是，在每一个城市，我们都赢得了数以千计的长期顾客。

最后，我们来到克利夫兰，那儿有一个公共集市。我们在那里不可能再一桶、两桶地卖给某个食品店主。但是我们和集市的管理者谈妥，借用他们的乐队和他们的报纸版面。结果，克利夫兰不得不动用了一半的警察来维持秩序，使人流能够挪动。集市里拦了很多绳子，我很怀疑其他摊点是否能卖出货去，我们自己当然是卖了很多“康托苏特”。

回到芝加哥后，斯威福特先生对我说：“这是我所知道的最了不起的广告促销活动。我和我父亲都认为你干得很漂亮。”

就这样，我赢得了斯威福特公司的信任。

有很多人说，那并不是广告。对于他们而言，广告是一些印制精美、像模像样的文字。但是，一般意义上的像模像样并不会产生多大影响。如果你想推销产品，你就要学那些推销员，学那些兜售假冒伪劣产品的人。世界上的任何言辞都无法与生动精彩的演示相提并论。

我无法认同那些认为仅靠漂亮的词句就可以赢利的人。我曾花了好几个小时听他们讲解这种主张。他们也许会把一套完整的礼服说成是最漂亮的潜水衣。华而不实，光讲求艺术的人是不可能从别人那里赚到钱的。推销产品的方法就在于销售产品。这种推销就要靠试用品和演示，你的演示越吸引人，你收到的效果就越好。**在广告业中获得成功的人并不是那些有高贵教养的人，也不是那些小心翼翼力图做出有礼貌样子避免自己显得粗鲁的人，而是那些知道应该怎样激发淳朴大众热情的人。**这两者的区别就像查理·卓别林（Charlie Chaplin）与罗伯特·曼特尔（Robert Mantell）的区别，或者说是《舞会过后》（*After the Ball*）与《月光奏鸣曲》（*The Moonlight Sonata*）之间的区别。如果我们想推销产品，我们就要驾驭那些成千上万的普通购买者。

6. 人员推销术

尽管以前我获得了成功，但当我的广告诉求不再富有说服力的时候，我和斯威福特公司之间又有了麻烦。“康托莱尼”牌代用猪油降低了他们的价格。我们最大的市场之一是面点烘烤师，他们知道“康托莱尼”与“康托苏特”是完全一样的产品，他们可不想花更多的钱。

斯威福特公司的生意是在竞争中建立和发展起来的，他们可以承受任何代价，所以他们不打算使自己的产品价格高于市场价格。

我曾经设定了一个价位，每磅比“康托莱尼”贵一分半，那是获得利润的最低限度。我可以让普通消费者接受这个价格，但是和面点房的生意也很重要。我们在波士顿有一个办事处，每月的支出约为2 000 美元。那儿有 6 个推销员，奥尔德里奇先生（Aldrich）负责那里的工作。由于我们在那里创造出了需求，他们在向杂货店进行推销时倒不怎么费劲。但当他们以较高的价格向面点烘烤师推销时，成绩几乎是零。

有一天斯威福特先生把我叫到他的办公室。他说：“这是从波士顿来的一封信，我非常同意他们的意见。他们卖不动产品。以你为我们的产品定的价，他们没办法推销出去。”

“他们说得不对，”我回答道，“真正的推销员才不在乎价格呢！我就是定价高一点也能把它们卖给消费者。为什么他们就不能卖给面包房呢？”

斯威福特先生问道：“那你能做到吗？”

我回答说我能。只要按照我提议的方法，我就能将我们的猪油像卖给消费者一样卖给面点烘烤师。

“那么，”他又问，“你什么时候去波士顿？”

“我可以在两个星期后去，”我说，“我还有很多工作要交代。”

“你可不可以今天下午就去？”他问，“这是很紧急的事。我们在波士顿损失了很多钱。我想在我们采取下一步行动之前做一下判断。”

“我今天下午就去。”我说。回到办公桌前，我发现上面堆积了很多重要的公务要处理。我让我的助手去照看一下，然后夹着公共汽车的乘车卡就出发了。那张卡是刚刚买来的，上面画着一张饼。

到达波士顿后我见到了奥尔德里奇先生。他一副沮丧的样子，有点破罐子破摔。他把对斯威福特先生讲过的话又对我讲了一遍，说我的经商是纸上谈兵。没有人能指望在“康托苏特”比“康托莱尼”贵的情况下还能把它卖出去，没有哪个推销员能够做到。

我说：“你对谁推销不出去，给我几个名字。”

奥尔德里奇先生说：“身边的都是，对谁我们也卖不出去。”

“告诉我一家。”我说。

“好吧，你可以找切尔西的福克斯糕饼公司，”他回答说，“这是我们周围最大的一家。”

“马上带我去找他们。”我说。

奥尔德里奇先生照办了。我们到达那里，看见福克斯先生正挽起袖子烤制东西，我们等了他一会儿。

当他过来和我们打招呼的时候，我发现他带着一种好斗的情绪。他正忙着，而且他知道我们手里没有什么他想要的东西。看得出，他打算用很短的时间把我们打发掉。但我像一个老熟人一样和他打招呼。我说，“我是斯威福特公司的广告经理，我从芝加哥来，是想向您咨询一张卡的事。”

我把那张乘车卡放在十几米之外，然后走回来请他看一看那张卡。

我说，“这张卡，是用来表现最理想的糕饼的，花了我们一大笔钱。作画的人要了我们250美元。然后我们把这幅画刻在石头上，您看到的颜色是在石头上分别进行12次涂染以后形成的。”我把我所知道的程序尽可能详细地解释出来。因为这和焙烤糕饼的工作完全不同，他非常感兴趣。

我对他说，在印刷这些卡之前我希望能够得到他的认同，于是我得到了。他是一个糕饼专家，我希望了解他对印在上面的那个饼的意见。

很快他就从一个面点烘烤师变成了一个评论家，我们开始讨论那个糕饼宣传卡。每当我发现任何方面有一点毛病时，他都会为之辩护。以前任何时候，在任何情况下，从没有人这样向他请教过问题。他像我们所有人一样，很喜欢得到这样的待遇。

最后，他坚持说这张糕饼宣传卡把糕饼表现得够好了，已经不可能更好了。要是他能做出那样的糕饼，肯定可以赢得波士顿所有的生意。

于是我就劝他留下这张宣传卡，我说：“波士顿有多少商店在卖福克斯糕饼？”

“大约有1 000家。”他答道。

我说：“我可以帮你把这种卡搞得再漂亮一点，让它们进入每一家商店。你对我太好了，我要做一点事来回报你，但我必须在这些卡上宣传‘康托苏特’。这样吧，我们在每张卡上都说，福克斯糕饼只用‘康托苏特’使糕点酥松。如果你现在订货，你每买一大箱‘康托苏特’我可以给你提供250张这种卡。”他同意交易，订购了4大箱‘康托苏特’，就拿到了1 000张糕饼宣传卡。

接着我又去了普罗维登斯市，到阿尔特门（Altman）糕饼厂，谈成了同样的交易。接着是纽黑文市，然后是哈特福德市、斯普林菲尔德市以及其他所有新英格兰地区的大城市。我在任何地方都取得了成功。我每到一处，便推销出一大批“康托苏特”给当地最有名的面点房。比起买“康托莱尼”他们要多付一点钱，但同时他们也获得了明显的优势地位。

我回到了波士顿，带回了一大批“康托苏特”的订单，比那6个人在6个星期里卖出去的总和还多，但是奥尔德里奇先生对此表现出了不屑。

“你并不是在卖‘康托苏特’，”他说，“你是在卖糕饼宣传卡。如果你没有这种优惠条件，我看看你还能干些什么。我们最大的一个客户是马萨诸塞州斯普林菲尔德地区的曼斯菲尔德焙烤公司（Mansfield Baking Company）。在那儿，你已经给出了专有的糕饼卡，现在我想知道你能用一般的推销技巧做些什么。”

我立刻动身去斯普林菲尔德地区，星期六傍晚到了那儿。我去了曼斯菲尔德焙烤公司，找到了正挽着袖子干活的泰迪·曼斯菲尔德，我一直等到他干完活。然后我对他说：“泰迪，今晚我有一个商务会馆晚宴的邀请。我是孤身一人，但我不想一个人去。他们允许我再邀请一位客人，我想请你和我一起去。”

泰迪拒绝了，他说他从来没参加过晚宴，没有合适的衣服。我告诉他我会穿着见他时的那身衣服去赴宴，所以最终他还是同意了。

那天晚上对泰迪·曼斯菲尔德来说是难忘的一夜。他第一次有机会和城里的大人物们见面，他过得很开心。我们分手的时候，他对我非常友好。

在旅馆门口分手时，我对他说："星期一上午我去找你，我有一些东西给你看，你会很感兴趣的。"

"最好别来，"他说，"今天晚上你对我实在太好了，我没有办法拒绝你的任何要求，但是我已经积压了40包'康托苏特'在我的储藏室里，你也知道我用不起它们。我很高兴再见到你，可是别让我再买'康托苏特'了。"

星期一上午我找到泰迪·曼斯菲尔德，他像平常一样，正挽着袖子干活。我说："泰迪，我不想和你谈'康托苏特'，但我有一个建议。我是斯威福特公司的广告经理，我可以办到一些别人办不到的事。你在斯普林菲尔德地区很有名，但外面没有人知道你。我想向你提一个建议，可以让曼斯费尔德糕饼的广告从这儿一直做到芝加哥。"

然后我就将我的计划和盘托出。如果他能订购两车"康托苏特"，我就在运货车的两侧都涂上标记和文字，向世人宣告——马萨诸塞州斯普林菲尔德地区的曼斯菲尔德焙烤公司将用"康托苏特"烘焙所有的糕饼。

我对他说："不是车厢的一边，而是两边，每辆车都这样，跑900英里，车厢的两边，你知道吧。"

这个主意很吸引泰迪，就像过去和后来吸引过很多广告主的点子一样。有人说这点子太傻了，但是与"让每个人都知道你的名字"这样的主意相比，这并不算傻。泰迪是一个那个时代很典型的广告主，他的愿望就是要传播他的名声，所以他接受了我的条件。一个星期内货车就到了，我和他一起去接货。当他看到车上宣传曼斯菲尔德糕饼的广告从900英里外的芝加哥一路做到这里，他简直乐坏了，我很少看见哪个人像泰迪·曼斯菲尔德那天那样高兴。

我在一个星期里卖出去的"康托苏特"比6个人在6个星期里卖出去的还要多，而且没有一个买主抱怨价格。斯威福特先生打电话给我，让我把波士顿所有的职员都炒掉，但我请他等我回去向他解释了我的方法之后再说。

见到斯威福特先生，我说："我不是在卖'康托苏特'，我们并没有谈到'康托苏特'。我卖的是糕饼卡和运输里程，'康托苏特'和它们是一体的。"

"那么我希望你能教会我们的其他人这么做。"

"这种东西没法教。"我回答说。而我现在还是这种观点，我们对推销的概念有完全不同的理解。一般的推销员公开地追求自己的利益，他们会乞求："买我的产品吧，别买别人的。"他在自私的人们面前显得很自私，当然会受到抵制。

而我是在卖服务，我谈话的全部基础就是帮面点房获得更多的生意。他们一高兴，对我得到的好处也就视而不见了。

我总是把这套方法应用于广告，我从来不请求人们购买，我甚至很少说我的产品在经销商那里有卖，我也很少在广告中提到价格。广告全都在宣传我们的服务，也许还有试用品赠送或免费产品，听上去它们是为别人服务的。人们总是希望别人能为自己做点什么，这套方法恰好促使人们关注我们的产品，直至积极地行动起来。任何自私自利的做法都做不到这一点。

今天，同样的原则被广泛应用在上门推销上。卖刷子的人打电话给家庭主妇，说要送她们一把刷子做礼物；铝制品推销商会送上一只盘子；咖啡推销员会事先联系送上一个免费的半磅包供试饮。他们总是很受欢迎，所有的家庭主妇都既高兴又关注。于是，很自然地，她会对善意作出回应，会想办法购买产品。

真空吸尘器的制造商提出给家庭用户送去一台机器，供他们用一个星期；电动机制造商提出送去一台机器，帮她们转一个星期的缝纫机或是风扇；雪茄制造商会向任何开口索要雪茄的人提供几盒。他们说："先抽上 10 根，如果你愿意，剩下的那些再付钱给我们。这种试抽不用你花一点钱。"**任何种类的产品都要得到对方同意再送出去。要想卖出任何东西都要做好被人退回来的准备。所有好的推销术，无论是写在书本上的还是个人经验，都是建立在某种吸引人**

的服务上的。

好的推销员会进行一番研究，努力使自己的诉求悦耳动听。有人说："付给我钱，如果你对产品不满意的话，我可以退钱给你。"另一个人就会说："不必现在付钱。让我送一些试用品给你试用，你想要就再订货，不想要就还给我们。"

我通过邮购方式买了很多书。在有些杂志上几乎每一期我都能看到一些书籍推介，搞得我很想买。书的广告并不说"给我们寄钱来"，要是它们这样说，我会买得很少。因为我的支票簿放在办公室里，到第二天，我会因各种各样的原因而忘记那本要买的书。但是他们会提出先把书寄来让我看看，我只要把优惠券从杂志上撕下来装进口袋，第二天把它寄出去就行了。

在我做广告的头几年里，这些推销术还很新颖。我相信我是少数几个把它应用到实践中去的人之一。当然，不用说我探索过很多具体的办法。我从不试图推销什么东西，即便是在我为零售店做的广告里也是这样。我总是给别人提供好处，我只是讲服务、利润、愉快、礼物，而不讲我个人的利益。

挨家挨户推销的人一定要使用这种方法，否则他的销售量会极为有限。邮购广告主也是这样，他们这样做的结果有目共睹。可是有些盲目的广告主却看不到这个原则，我们随处都可以看到广告主只是在喊某个名字。他们说，"买我的牌子吧。一定是原装的！"他们的全部愿望就是满足私欲。这样的广告在某些时候可能会有一些效果，但永远不会像那些貌似无私的诉求一样有更大的收益。

但斯威福特公司拒绝送出任何赠品，我从来不能派发试用品。我们做过羊毛肥皂、洗衣粉、早餐香肠、火腿、咸肉、人造黄油的广告，可以说我们做得相当成功。但是我日益认识到，在他们的种种限制下，任何真正的成功都是不可能的。从那时起这么多年过去了，我越来越坚信我的看法。像斯威福特这类食品加工公司其实有很多利润丰厚的生意可以做广告，但除了极个别例外，我还没有看到哪家食品加工公司在广告上有什么建树。这是因为一些特别的原因，他们所有的广告机会都是因为自私自利而失去的。他们一向把做生意当做打仗：推销要靠“武力”，击败竞争对手要靠比他更低的价格。现在，这种观点实际上已经发生了变化，但这种变化还不足以使他们成为合格的广告主。换句话说，相对于大量存在的机会，食品加工业还没有在广告上取得足够的成功。

在饲养场的日子里，我的销售构想受到了各种条文的限制。我发现想要实现我的理想，我必须从那里逃出来，于是我开始了新的探索。

7. 药品广告

现在来谈一谈那些我不再赞同的做法。30 年前，药品广告给广告创意人员提供了很多的机会，也对他们的技能提出超级考验。如果没有创造出需求，那些药品就是一钱不值的东西。就算一分钱一瓶，药房也不会大量进货的。一切都有赖于广告。

对广告创意人员来说，一个药品广告所带来的考验就像今天的邮购广告一样，非常具有挑战性。他的才华可以通过产品销售的盈亏很快反映出来。他要么把产品卖出去，赚了钱，要么就卖不出去。推销员、批发商或行政人员都帮不上什么忙。你可以通过向经销商压货的方式卖面粉、燕麦片或肥皂，也可以依靠提供利益刺激的手段销售。卖一个曲别针也可能会受到很多因素的影响。有时候很难衡量广告的作用到底有多大，但对药品来说不是这样，对于药品销售，广告就是一切。

正因为如此，我那个时代最出色的广告人都从药品广告中有所受益。他们所有的人都通过考核并结业了。他们也都意识到，药品广告真的会让他们使尽浑身解数，它会将不适应竞争的人淘汰出局，给予优胜者更多的报偿和更美好的前途，而其他行业很少给他们这样的考验。像这样置人于炉火之上的职业，在今天就只有某些邮购广告可以相提并论。

那时，药品广告是广告业务的主力，最好的杂志也接受它们，几乎没有人质疑它们的合法性。在我做食品加工业的时代，没有人想过这一点，相比之下，人们宁可去关心铁路降价、雇员要有通行证这类的事情。我们不能忘了，在回顾药品广告时，经验和教训是如何改变创意和基本策略的。

过去的任何邪恶都会有它的合理借口。药品制造商中有很多自视甚高的人，他们认为自己是在为受苦受难的人服务，为他们提供解除痛苦的灵丹妙药，而且价钱还特别低。他们是在帮助那些没钱看医生的人。他们有很多理由，每个药品制造商都收到了成千上万的证词。我也仍然相信那些药品制造商做的好事要比坏事多。尽管如此，好的事情很大程度上是精神作用的结果。

但医学有了进步，医生们已经不再只是简单地给人开药。我们开始认识到，要救助别人，首先需要有诊断，要找到真正的病因，而不是头痛医头，脚痛医脚。在大多数情况下，鼓励大家自己给自己找药吃是很不明智的。

我在很多年前就得到了这样的结论。除了很简单的疗法和药品，我已经有 17 年多不曾为药品做广告，在任何情况下我都不会这样做。就在我写这段话之前，我刚刚拒绝了为一种药做广告的机会，费用可是 90 万美元！我的这种看法非常坚决，就像我们现在看到的，今天的任何人都不会为有悖于公众利益的东西做广告一样。

所以请记住，我在这里说的事发生在很多年以前，但它和现存的原则与实践是一致的。我对那些高高在上的人的了解远不比对为其打工的人的了解多。我是在和广告打交道，而广告应该适合所有的背景和时代。为公众的利益考虑，什么东西可以做广告，这是完全不同的问题。

在为斯威福特公司工作期间，我写了一篇关于专利药品广告的文章，引起了威斯康星州拉辛市的舒普医生（Shoop）的注意。在那个时代，他通过代理机构卖药，不做零售生意。那家代理做得越来越差，他正在想办法让自己的产品进入药店，他写信约我去见他。

由于食品加工公司条条框框的限制，我那时很怕再做食品广告。我知道药品能为一个广告人提供极其巨大的成功机会。所以我去了拉辛，和舒普医生进行了探讨，最终接受了他的条件。

我发现有些药品是由代理商专营的，药店里一瓶也见不到，普通代理商很难生存，这块生意也就奄奄一息了。我的任务是创造需求，使药店提出进货要求。要是没有我那种搞过零售的经验，谁也不能完成这个任务。

舒普医生和我夜以继日地讨论着我们当时的境遇。我对他讲了，我过去广告的做法都是在说一些和产品没有什么关系的创意。于是我提出了一个想法，我们的广告要有一个药剂师的质量保证签字。人们并不是在买药，他们买的是结果。几千里之外的很多广告主也同样提供疗效担保，但提供担保证词的人往往是一些谁都不认识的人。我的想法是要让就生活在大家身边的药剂师来担保，人们都在他们那里买东西，自然认识他们。

首先我把这个计划用于一种止咳药，这种做法带来了巨大的成功。“这里有一种止咳药，大家买了没有任何风险。如果它像我们承诺的那样有效，你花的钱与结果相比就根本算不了什么。如果没效，我们一分钱也不收。”就这样，市面上再也没有其他的止咳药能够与之竞争。

接着我又把这个计划用于其他药物，像舒普医生的康复药、风湿药等等。我的方案灵验极了。其他人只是许诺，而我们则提供了一种肯定性。我们因此获得了大量的生意。

我们的担保是以 5 美元买 6 瓶为前提。很少会有人一下子买那么多，但我们的这种担保使他们对每一瓶都信心十足，于是在这一行没有人能跟我们竞争。

在那些日子里，我们一直很小心谨慎，我们没有花钱在报纸上做广告，我们在人口超过 1 500 人的城镇里挨家挨户地分发小册子。对不足 1 500 个村民的村庄，我们则向户主邮寄我们的材料。那时还没有乡村邮寄呢，我收集到了美国和加拿大 86 000 个邮局里所有户主的名单。

我们那时使用过的一些方法现在已经没什么意思了——情况发生了变化。我们已经知道，对于我们想做的分销工作来说，报纸是最廉价的途径。但是那时我们长年累月地分发邮寄小册子，有时候一天就是 40 万册。

后来，我们不再这样做了，而是借助报纸。我们用过去 1/3 的费用实现了同样的促销效果。开始时，我们每年在报纸广告上花费 40 万美元，这个数字使我们成为当时这个领域中最大的广告主。

我想在这里强调的是，我的提议一直都是利他的。**我总是提供服务。每个人都可以试一试我的做法，一点风险都没有。你的结果或许会比我在这里说的还要好，即便做不到这一点，你的成本也是微不足道的。**当时在这个领域，没有哪种方法比这种做法更好。

在广告业和推销业中，有一些事总是要考虑的。从某种意义上说，一个人做生意总得比别人的“开价”要高一些，他应该在某些方面有一些优势，比如质量、服务或其他某种条件，或者他能利用一些事由制造一些表面上的优势，而别人以前还没注意到这种事由。仅仅大声叫卖某个名称或某个品牌是不够的。鼓动别人买你的东西而不买其他人的，这并不符合他们的意愿。一个人必须知道他面对竞争，知道其他人是怎么开价的，知道人们想要什么。除非他确定优势明显是在自己这边，否则贸然挑起竞争是很不明智的。那些花钱小心的顾客不可能长期被愚弄。不要轻易付出代价去争取顾客，除非你知道怎么长期笼络他们。不要低估那些锱铢必较的老百姓的智力和他们获取信息的能力。

我在拉辛市呆了 6 年半的时间，每天早上 7 点钟开始上班。我们知道多做一点就能多一两分优势，毕竟我们是处在广告业中历来竞争最激烈的一个领域里。而我每天不仅仅是在办公室里工作——我在家里也有一台打字机。尽管药品广告可以很好地检验一个人的广告技能，但我也只把它看作是一个项目，所以我把我剩余的精力全部放在另外的生意上。

斯塔克（J. L. Stack）广告代理公司负责舒普医生的广告，我设法与他们合作创作所有的广告。拉辛市是一个制造中心，所以下班后，我也试图在那里开拓与广告企业的合作。从斯塔克公司和其他公司，我学到了很多东西。

斯塔克公司有一个客户是蒙哥马利·沃德（Montgomery Ward & Co.）公司。我为他们撰写和指导广告，许多新的推销计划从我们手中诞生。我一贯反对不加区别地对待消费者。例如有一次，有个妇女写信询问有关缝纫机的事，在她心里只有这件事，再没有别的。当时我们的方案比较笼统，是寄发产品目录，对所有的咨询都是如此。我强调应该像对待光顾商店的顾客那样对待这些潜在的主顾。我们有一本关于缝纫机的特别目录，介绍每一种产品的型号和价格。对每一位写信来咨询的人，我们都给她提供所有正好住在她附近又买过我们缝纫机的人的名字和地址。我们请她去看看那些机器，并和主人交流。

从中我又学到了一条很有价值的广告原则。在大面积铺开的广告宣传活动中，我们太热衷于“大众”了。我们总想广播种子，希望其中有一些可以生根发芽，但这太浪费了，根本不能带来利润。**（我们必须着眼于个人。我们的广告对人也必须像我们平时与人面对面一样，以他们的特定需求为中心，就像每一个站在你面前的人都有特定需求一样。无论你的生意有多大，都要脚踏实地看待每一个个体，因为正是这些个体才使你的生意形成了规模。）**

喜立滋啤酒是我为斯塔克公司谋划的另一个广告品牌，喜立滋当时在啤酒品牌中排第五位。所有的啤酒商那时都标榜“纯啤酒”，他们把“纯”字写得特别大，后来又用双页把这个字写得更大。这种许诺给人留下的印象，就像鸭子游过水面一样，很快了无痕迹。

我去了一家酿酒学校，学习酿酒知识，但这对我一点帮助也没有。接着我又研究了一番酿酒工艺，我看到在厚玻璃板的屋子里，啤酒从管子里滴出来。我问他们为什么要这样设计，他们说这些屋子里的空气过滤过，这样啤酒可以在纯净的环境中冷却。我看到巨大的过滤器里装满了白木浆，他们向我解释那个装置是如何过滤啤酒的。他们又给我演示怎样清洗水泵和管道（一天两次，以防止细菌污染），如何用机器把所有的瓶子洗四遍，他们还给我看自流井。其实他们的工厂就在密歇根湖边，但他们还是要从 4 000 英尺深的地下取纯水。他们给我看酿酒的大缸，啤酒在运到销售点之前在这里要存 6 个月。

他们带我去看实验室和最早的酵母。那是经过 1 200 次实验才得到的最佳口味，所有用于酿造喜立滋啤酒的酵母都来自最初的那块酵母。

我带着惊奇回到了办公室。我说：“为什么你们不和大家说说这些事？为什么你们只是比赛喊啤酒‘纯净’，看谁的嗓门高？为什么你们不说说酿造啤酒的这些程序？”

“为什么？”他们说，“我们的程序其实和别人的完全一样。不这样做谁也制不出好啤酒。”

“可是，”我回答他们说，“别人谁都没讲过这个故事。谁参观过你们的酿酒工艺都会感到惊奇，把它印出来肯定会让所有人产生兴趣的。”

于是我在报纸上把厚玻璃板屋子以及所有纯净状态中的东西都进行了一番描述。我讲述了一个对所有优秀啤酒生产商来说都很普通但却从没有人讲述过的故事，我让“纯净”有了切实的含义。几个月后，喜立滋啤酒的销量便与第一位相差无几。直到现在，那个活动都是我最为成功的案例之一，同时它也为我的其他项目提供了一种模式。我一次又一次地讲述那些简单的事实，那些事实是这一行业内所有生产商都司空见惯的——平常得大家认为不足挂齿。但是，哪种产品最先介绍这些事实，哪种就可以从中获得独一无二的领先优势。

这样的事情在很多很多行业中都发生过。一个制造商常会画地为牢，看不出自己的工艺有什么特别。他并没有意识到世界上有很多人都可能会为这种工艺而着迷，在他那里看似很平常的东西也许会使他与别人有很大的区别。

这是广告中常见的情形。某种产品并不独特，并不包含特别巨大的优势，也许有无数的人都能制造它，但是只要你先说出来其中所费的工夫，说出那些别的制造商认为很平常、很不值一提的过程和特点，你的产品就有可能成为这一行业的成功代表。将来如果也有哪个产品宣传这一过程，它们就等于在为你做广告。做广告的产品很少不被别人模仿，很少有哪种领先产品具有绝对的领先优势，它们其实只是最早说出某些公认的事实而已。

柯蒂斯出版公司的赛勒斯·柯蒂斯（Cyrus W. Curtis）先生曾给我讲过一则与喜立滋啤酒广告活动有关的趣闻。他从来不喝啤酒，也从来不在他的《妇女之家》杂志上登载任何有关啤酒或其他酒类的字眼。但有一次他在列车的餐车上读到一本登有喜立滋啤酒广告的《生活》杂志，那个广告给他留下了很深的印象，他当时就要了一瓶。他很想尝一尝用如此美妙的纯净工艺制造出来的产品。

吉姆·罗恩（Jim Rohan）是我在拉辛市时的一个朋友，一个挣得很少的公务员。他爱上了一个教师，却结不起婚。不过，他有一个孵化器的设想，他认为如果能够深入发掘自己的想法，也许就可以挣到足够的钱结婚。

我对他说我会帮他开发这个设想，我也那样做了。我读了大约75份孵化器的产品介绍和广告，它们看上去都差不多。所有的生产商都在讨好推销人员，希望他们选中自己的产品。我分析了这种形势，决定用一种独特的方式打入市场。

我找到了一个确实在养小鸡的人，请他允许我用他的名义写一本书。他是一个独来独往的人，从不在乎别人怎么说。他的这种个性在我的书中展露无遗。我以这个人的名义，用他给我的事实做材料写了这本书，但我却并不提示任何人买拉辛孵化器，我只是讲他的经验。他曾经尝试过所有的孵化箱，深知它们的问题。现在他已经赚到了钱，而他用的正是这些新方法。他鼓励并愿意帮助那些希望像他那样取得成功的人，但他绝不会可怜那些盲目跟着莫名其妙的东西乱跑的人。

这样的诉求获得了成功，绝大多数用孵化器的人都读过五六种产品目录，可除了我的以外，别的读上去都一样。而我的，讲的是一个有个性的、实干的人，他更多考虑服务而不是销售。讲求实际、希望发财的人们自然会追随他。

不过拉辛孵化器定价较高。很多人在将它和其他较便宜的产品做过一番比较后，对是否换用它又产生了犹豫。于是我建议罗恩先生开办一家新的公司，名字叫做贝莱城孵化器公司（Belle City Incubator Company）。这样，他可以用很低的价格和其他的一些卖点来销售其产品。

我们花了 10 天时间回复消费者对拉辛孵化器的咨询。遇到不想换用它的人，我们就提供贝莱城孵化器。这样我们就给孵化器的购买者提供了双倍的购买机会。如果不那么做，即使付出最大的努力，我们仍然赚不到钱。就这样，业务开展了起来，而且今天已经逐渐发展壮大了。而据我所知，我们过去的竞争对手没有一个维持到现在。

我们在拉辛市还为很多其他产品策划广告。其中一个是拉辛浴池，另一个是拉辛冰箱。这些广告都很出色，因为它们都是在有把握的情况下才做的，而且不重复他人。

拉辛鞋业公司制造优质的鞋子。这家公司位于芝加哥与密尔沃基市之间的皮革产地中心。当时，他们的鞋批发价是平均每双 2.15 美元。我组织了一个“拉辛俱乐部”，以优惠价格向会员出售拉辛鞋。我每卖给会员一双鞋，收他们 3 美元，有 6 种款式供他们选择。这些鞋在商店里要卖到 3.5 ~ 5 美元。我这些鞋的平均进价是每双 2.15 美元，送递成本是每双 35 美分，所以我的平均纯利润是每双 50 美分。但成为我的会员需要付 25 美分的会费，只有会员才享有这种购买权益。我的广告费用都是从会费中支出的。每卖出一双鞋，我便寄出 12 张会员资格表和产品介绍，任何人如果能发展另外 12 个会员，也就是卖出 12 个会员资格，就可以按每双 25 美分的价格买下一双鞋。一个会员资格可以让它的主人买下一双售价 3 美元的鞋，每一双鞋可能发展出另外 12 个会员资格，而每个都值 25 美分。

我卖的 3 美元一双的鞋在鞋店里要卖 3.5 ~ 5 美元。但我只对少数顾客提供这种待遇，只有会员才可以买到这个价格的鞋。任何一位顾客，只要他愿意，都可以按 25 美分出售会员资格。如果他这样做了，他的鞋只要 25 美分一双。只要我的广告能够招来几个会员，他们就会成为我的推销员。这样，一点点广告就为我带来很大的生意。这种方法很快就让拉辛鞋业公司的产品供不应求，不得不推迟很多订货的供货时间。

这种做法也有一点毛病，那就是卖出去的鞋子不一定合脚，而我又担保鞋子一定合脚，由此造成的退货影响了我的利润。但是从中我学到了一种新的推销方式。我明白了，在直销和其他方式的销售中，顾客是如何影响日后的收益的。

那时，我一直在全国各地为零售商做广告。通过各种各样的销售方式，我获得了很多实际经验。每当找到一种可以带来大量盈利的销售手段，我都会告诉其他的经销商。这些都是通过夜以继日的工作完成的，我很少想到睡觉。我所有的理想就是找到引导人们购买的方法，而最后我找到了很多方法，这些方法都成为我日后成功的基础。

8. 我在“利库宗”的经验

我在拉辛市的实践使我具备了做专有产品广告的独特经验，同时也使我名声大噪。我的手段很新，过去，证言是这类产品广告常用的方法，但我从来不写那种东西。不谨慎的夸夸其谈到处都是，我的广告却说得很实在：“试试这种止咳药，观察它的疗效，它不含鸦片，所以没有副作用。如果它有效，咳嗽就会止住；如果无效，你就不必付钱。你自己的大夫会签署这个担保。”

这种诉求的力量是巨大的，几乎不会遭到什么抵制。从那时起，我主要的课题就是怎样表达这种诉求。如果我们能够提供某种东西，并让人说不出拒绝的理由，那么一般人们就会接受它。无论我们在提供这些东西时多么慷慨大方、多么不设防，实践证明想进行公平交易的人很少会上当受骗。你应该试图保护自己，毕竟从别人那儿占点便宜是一种很普遍的人性。但是，**如果我们能排除所有的条条框框大胆地说“我们信任你”，人性就会对这种信任给予公正的回报。**我在广告业中所有的经验表明，人们总的来说还是诚实的。

芝加哥有个人靠经销奥利弗打字机（Oliver）发了一笔财，但他并不喜欢那个产品。他天生是个广告主，一直在寻找一种合适的产品。

正当他在蒙特利尔建厂的时候，有些人跑来找他，告诉他多伦多有一种杀菌剂，叫做“泡利液态清新剂”（Powley's Liguified Ozone），加拿大有很多机构认可并采用它。它没做过任何广告，但却有无数的人知道它、使用它，而且它的效果非常好。

最终这个人被打动了，去多伦多调查了这种产品，他看到一种气体杀菌剂，在室内使用没有害处。他访问了几百个用过这种产品的人，包括医院和教会组织，结果让他很兴奋。

他花了 10 万美元买下这个产品，把它的名字改为“利库宗”（Liquozone），接着他开始登广告，在市场上推销它。他找了一个能干的广告人，和他签了一年的合同，第二年，他又找了另一个人来做。4 年里他换了 4 个人，每个人都让他觉得很能干，可是结果却非常糟糕，他在这个生意上投入的所有资金都打了水漂，他的公司也因此背上了很沉重的债务。他的资产负债表表明，他的亏损已达到了 4.5 万美元。这也表明了他在宣传推销一种专有产品上是多么的缺乏经验和能力。

但这个坚定的广告主却并不灰心，他依然相信自己的产品，觉得肯定会有一个人能帮他成功。他说：“我们再努力干一年，这次我们一定能找到合适的人。”

在第四年的最后一天，他找了芝加哥所有的大广告公司，请每一个人提出他们知道的做这种产品广告的最佳人选。那个时候我是这个领域里最闪亮的明星，我相信所有的人都会提到我的名字。

他最后一个电话是打给斯塔克先生的，他也向斯塔克先生问了同样的问题。正在此时，我发了一个电报给斯塔克先生，接受他的邀请在除夕夜与他共进晚餐。斯塔克先生给他看了电报，说：“就应该找这个人。别人肯定也和你说过，不过他的老板是我的客户，我不能做任何有损他的利益的事。霍普金斯又是我的朋友，我可不能建议他考虑你那个毫无希望的提议。”

那个客户回答说：“如果霍普金斯是你说的那种人，他会自己把握的。今天晚上让我和你们一起吃晚饭，我要见见他。”

这是我第一次和利库宗打交道，它的推销者是个很有魅力的人，他的说服力几乎是无法抗拒的。所以，尽管并不情愿，我还是无法拒绝他第二天再和我见一次面的请求。

那天是新年，我很想待在家里。我们会面的利库宗办公室又脏又乱，地板和桌子是用粗糙的松木做的，供热来自一个布满灰尘的、烧木柴的圆形炉子，周围的一切让人沮丧，看来这家公司快破产了。我很后悔为这么件事留在芝加哥过新年，因此，我们的会面既不愉快，也不让人鼓舞。

但这个人，在经历了 4 年的失败后，仍然可以微笑，仍然打算重振旗鼓，他才不会因为我的态度而感到受挫。几天后，他跟着我到了拉辛，接着他邀请我和他一起去多伦多旅行 3 天。我实在不愿意扫他的兴，而且我自己也想休息一下，于是接受了他的邀请。

在多伦多，按照我的要求，他为我安排了一辆车和一个向导。我花了 3 天访问各种用过利库宗并深知其使用效果的机构和人群，我从没有听过他们讲的那种故事。到第三天，我说，“我现在还有一个更大的理由不能加入你们。我的名气不足以向全世界推荐这个产品，我不可能很恰当地做到这一点，所以还是请你把我忘了吧。”

但这个人是很难拒绝的，几天后他又来到了拉辛。我们整夜都在讨论这个项目，到凌晨 4 点的时候，我被他的纠缠弄得筋疲力尽，又深为他提出的有关责任心的看法所打动，于是接受了他的初步计划。

我没有工资，因为他们已经没钱付我的工资了。作为报酬，我会得到这个即将破产的公司 1/4 的分红。我将离开我漂亮的办公室，换来金西大街上的一张松木办公桌，我将离开我的朋友们，而跑去和一群陌生人待在一起，我将失去在密歇根湖边一家酒店中的公寓，换来芝加哥一所每月 45 美元的破房；我太太也将因此不得不干点工作。为了保存我的积蓄，我将不得不步行上班，省下坐公共汽车的钱。我有一台蒸汽汽车，这在拉辛还是第一辆，也是我的乐趣所在，但我现在必须放弃了。

朋友们给我办了很多告别聚会，可是他们谈论的焦点都是我的愚蠢。他们派了一个代表陪我一起去芝加哥，一路上他都在说我很笨。我最亲密的朋友把我看得一无是处，他说对一个朋友最基本的要求是要让人舒服。

我敢肯定没有任何人在投入一次新的冒险时比我的处境更糟，但我在这里想说，我生活中的每一项伟大成就都是在别人的反对声中获得的。而每一次都使我获得更多精神和物质上的满足，这些都是从和我的朋友们的斗争中得来的。这也许是因为他们很自私，希望我能和他们待在一起。

我也遇到过其他大的危机，有时是比金钱或生意更重要的事，我总是要独自面对它们，总是不得不自己做决定，总是要反驳强大的反对意见。我在生活中的每一个重大举措都令我的朋友们费解，都会遭到反对。我获得的那些巨大的胜利，包括精神上的快乐、金钱或其他物质上的收获，都伴随着大家的冷嘲热讽。

但我有这样的信念：平庸的人无法获得成功。很少有人能达到自己的目标，很少有人真的感到幸福和满足。那么，为什么我们要让大多数人来决定自己生活中那些重大的事情呢?

我在很多方面都可以说是成功的，我非常幸福，生活得很充实。要是我按照朋友们的意见生活，我就不会获得这些幸福。

因此，我从来不乱给别人提建议。我们有自己的生活要过，有自己的事业要发展，我们无法对别人的理想和能力品头论足。有些人是软弱的，在一个重要的时刻给他泼冷水就有可能改变他们最终的道路。那样的话，那些发议论、给建议的人就要承担相应的责任，我可担不起这样的责任。从广告中我们知道我们的判断力是多么容易出问题，就算对我们最熟悉的事也一样。当我们试图给出一个建议时，我们没法做到非常公正。

就是在这样的背景下，我加入了利库宗，加入了一场几乎毫无取胜希望的比赛。有4个人已经在前4年里彻头彻尾地失败了，可是，就在这样一个前途未卜的事上我押上了我的一切。

我整夜整夜地在林肯公园徘徊，试图想出一个办法。我还是坚持我原来的想法：**比别人提供更多的服务，比别人给的更多，那么你肯定可以取胜。**

有一天早上我到了办公室，宣布：“我有了一个取胜办法，我们自己先掏钱买下第一批50美分的瓶装产品送给人试用。如果通过这样的试用，他们想用下去，我们会为他们承担其他的风险。谁要是想买，我们就给他提供药剂师为6个价格为1美元的瓶装产品所做的担保，还免收他们买第一瓶的钱。只要试用装能让我们的顾客持续使用，剩下的风险就由我们承担。”

我的合伙人极力反对。他说：“我们现在已经快破产了。你的办法只会把我们弄得更惨。”

但我最终还是让他同意在伊利诺伊州的十多个小城市里试行我的计划。我们免费提供一瓶50美分的产品，对那些来索取免费产品的人，我们替他们向当地指定的一位药剂师订货，并且告诉他：“我们来付这笔钱。”

接着对每一个要货的人，我们以5美元的价格卖给他们6个价值1美元的瓶装。如果他们对这6瓶的效果不满意，我们会返还他们所有的钱，药剂师会为此做担保。

想想看，这样的提议实在不可抗拒：一瓶50美分的免费试用品，然后是5美元6个有担保的瓶装。“只要告诉你的药剂师你不满意，你就能无条件地拿回所有的钱。”

对于这样的提议，任何一个理性的人都不会拒绝。大多数人都是理性的，我相信大多数理性的人只要需要这种产品都会接受它。我所提供的产品是无懈可击的。

在那些做试用试验的城市里我们看到，每个索取免费瓶装的人都要花费我们 18 美分，但 30 天后，他们每人会给我们带来 90 美分的销售额，我们从中得到的利润会早早抵消我们该付的广告费。而我们有关担保所产生的各项开支，累积起来还不到我们销售额的 2%。

我从那些参加做广告的药剂师那里收集相关的销售结果，然后把相应文件发给其他有名的药剂师，每个城市选定一家。我还加入了我为他们提供的其他专有产品的销售结果。在每一封信中，我附上了一份合同，它明确规定应如何做广告，保证所有索取免费瓶装产品的订单都只能从指定商店中获得，条件是必须向我们订货，订货的总额应该大于我们的广告费用。他们订的货绝对是他们从来没有见过的产品。我们通过信件从这些大药剂师那里得到的订单，累积起来超过了 10 万美元。然后我们带着这些订单去找我们的广告代理公司，对他们说："我们没有钱了，欠你们的 16 000 块钱没法还。但我们有这些好药剂师的订单，总数是 10 万美元。我们可以把这些订单转让给你们，来付清我们的广告费用。要拿回我们欠你们的钱，这是唯一的办法，也是安全的办法。"

广告代理商接受了我们的提议，因为他们别无选择。他们对已见分晓的广告缺乏概念，其实对我们的定位并不是很懂。他们开始运作这些广告，结果订单从各地蜂拥而至，就像我们在试点城市里做到的一样。第二年，有 150 万人向我们索取免费的瓶装产品。每份索取的成本是 18 美分，和我们在试点城市里的一样。平均每份索取产生的销售额是 91 美分，比试点城市里的稍高一点。

我是 2 月份去的利库宗，当时我们没有什么钱，必须节省每个铜板才能付房租。在我们第一个财政年度，即从 7 月 1 日开始，我们的纯利润是 180 万美元。第二年，我们打入了欧洲市场，我们建立了伦敦办事处，在那里有 306 个雇员。我们在法国建起了工厂，在巴黎有了我们最漂亮的办公室。在两年的时间里，我们用 17 种语言做广告，在全世界几乎所有国家销售利库宗产品。

杀菌剂是一种发展不平稳的产品，新产品不断淘汰旧产品。认识到这一点，于是我们迅速发展我们的业务。3 年内，我们趁热打铁向人们推出了近 500 万份 50 美分的瓶装。利库宗的生意至仍今有生机，还在赚钱。

我们成功的秘诀是什么呢？就是我们有勇气敢于放弃平稳、敢于创新，然后给每一个寄来礼券索取的人提供免费的 50 美分的瓶装，并且担保产品的效用。我们对自己的产品有信心，我们对顾客有信心。在整个过程中，我们咨询过的每一个人都说我们太冒险。每一位指手画脚的人，每一位好为人师的人，最终都不屑地离开了我们。

我知道，要在广告和销售上取得成功，还有其他的办法，但它们都太慢了，而且不保险。让别人在你身上碰运气，你会不情愿，但是把自己的机会建立在别人身上，那就容易得多。

我总是拿别人投机。我仔细分析自己的提案，直到确信对方在交易中可以获得最好的结果。这样我就拥有了人们很难忽视的东西。

我曾经损失过很多钱，但是比起只想采用某个安全的方案所造成的损失，这种损失几乎是微不足道的。现在几乎所有出色的商业人士也都认识到了这一点。从好商店里买的任何东西都允许退回，通过邮件订购的商品也是这样。无数的广告主在对方同意的情况下寄去产品，他们说“试用 10 天”，或是“先看看这些书”，或是“抽 10 根烟，我们负担一切”。有的人不愿意采用这种方法，只想用安全的办法，结果他们会发现自己遇到了很大的麻烦，他们要想取得最好的结果，销售成本就必定会成倍地增加。

9. 17 年广告公司生涯的开始

我在利库宗度过了 5 年时间，这是艰苦奋斗的 5 年。我在各分公司之间跑来跑去，国内国外奔忙，在每个国家都会遇到各种问题。

一天晚上在巴黎，我找了一个有名的大夫。他说我得了神经衰弱："要治好病，唯一的方法是回家休息。"

"我没有家，"我说，"我住在旅馆里。旅馆对我来说很像一个家。我想我待在这儿的旅馆也可以。"

但他坚持他的看法。于是我想起了在密歇根州斯普林湖边的那个果园，我小时候经常在那里干活。我还记得那里一个名叫做罗伯特·费里斯（Robert Ferris）的人，我以前听说他建了一个旅馆。于是我给他发了封电报，想到那里去住一段时间。

我在纽约收到了他的回信。他的旅馆已经垮掉了，可是他还有几间农舍，装饰得很好，一切应有尽有。"你只要带着行李箱来就行了。"

于是我给他寄了一张支票，订下一间农舍，然后我就带着行李箱去了。有三个月的时间，我整天就是晒太阳、睡觉、玩乐，还有喝牛奶。接着我去了芝加哥，断然决定再也不那么拼命，以至于弄得自己神经衰弱了，我要过一种平静的生活。我请了一些朋友吃饭，打算就此告别生意圈。我是快乐的人中最快乐的一个，我还是想让自己有所事事，但我以后打算只为名、不再为利写广告了。

酒未过三巡，一个年轻人走到我的桌子边，说："洛德暨托马斯广告公司的艾伯特·拉斯克（Albert Lasker）先生要你下午给他打电话。"

我知道那是什么意思，在我看来，他是要我去做牛做马，也是要我去夜以继日地工作，去告诉别人怎样赚更多的钱。不过，现在的我太紧张了，太扭曲了，已经有点病态。

我回头对坐在桌边的朋友们说："拉斯克先生不能这样做，我已经完成了我的任务。我会去看他，因为我尊敬他，可他不能再引诱我卷入广告的旋涡了。"

但我还是赴约了，拉斯克先生给我看了一份来自范·坎普（Van Camp）食品加工公司的40万美元的合同。合同的条件是，保证交给范·坎普先生的文案能让他满意。

拉斯克先生说："我在全国范围内征集文案，这是我在纽约找到的一份文案，这份是从费城找到的。我花了好几千块钱去发掘最好的文案，但你来看看结果，你我都不会把这些东西交上去。现在我请你帮我，给我创作三条广告，用它们开始一场广告战。你妻子可以沿着密歇根大街往下走，从街上任意挑选一辆车，我付账。"

据我所知，还没有哪个人能够拒绝艾伯特·拉斯克，他可以随心所欲地指挥这世界上的一切，连老总们也要和他结交，他看上的任何东西从来都不会落空。

所以我像其他所有人一样，在他的劝说下屈服了。我当天晚上就去了印第安纳波利斯，第二天我把调查员们都打发出去调查猪肉和黄豆的情况。我发现 94% 的家庭主妇自己烤制猪肉和黄豆，只有 6% 的人愿意接受罐装的豆类产品。可是所有猪肉和黄豆的广告仍然只是在叫卖："买我的牌子吧。"

我启动了一次反对家庭自己烤制的广告活动。当然，我得同时提供工业化烤制的试用品。我讲到了在家里烤豆需要 16 个小时；我讲到了为什么家庭自制的豆子不容易消化；我拍摄了在家里烤制的豆子，上面烤酥了，下面却烤化了；我讲述了我们怎样挑选豆子，怎样使用一种"软水"，怎样在 245 度的蒸汽炉里接连烤制几小时的豆子。然后我提供了免费的试用品供品尝、比较。这场宣传攻势的结果是我们取得了极其巨大的成功。

过了不久，其他人开始模仿我们的做法，有人准备取代我们。我们的竞争对手试图通过强调他们品牌的方式达到目的。他们的宣传确实很起劲："把你付给别人的钱付给我们。"不过，这种诉求根本无法打动顾客。

这时，我脑子里猛然出现一个新口号："也试试我们竞争对手的产品。"我要人去买下那些品牌的产品，把它们和范·坎普的产品做比较——我相信我们的产品能取胜。如果我们能够确定起自己的优势，让大家都来做这样的比较，那么大家也就都可以确定他们购买的决心。

这是另外一件需要考虑的重要事情。**只讲你自身的优势，你的顾客就总是有限的，但不自私地替你的顾客着想，他们会很自然地跑来找你。**

广告最大的两个毛病就是夸大其词和自私自利。一个成功人士有把他的成功之处讲给别人听的本能。他可以讲给与他一起吃晚饭的人，毕竟那人没法逃开，但他不能指望把他的成功故事印刷成文，别人还非读不可，他也不能以合理的成本，把自己的负担完全转嫁给别人。如果你谈论的是服务他人，人们会听你的意见，但如果你是想把对自己有利可图的事灌输给别人，那他们会转身就走。这一点非常重要。我相信，90% 的广告损失是因为用了炫耀的方式表现个人目的造成的。

即便是今天，大多数广告还是基于这样直白的诉求："买我的品牌吧。"这种诉求从来打动不了人，而且将来也不会。没有一个杂货店的老板会说："到我的店里来吧，别去隔壁那家。"即便他头脑简单，他也会明智地不那样做，他要表现出自己的优势来。可是，仍然有无数的广告主总是想花钱在广告上表现这种意图。

"我的是原产的"、"认明真货"，所有这些只是这种诉求的不同表现形式。"把你付给别人的钱付给我们"，这样的话无论如何都不会有什么作用。我们所有的人都有太多的个人利益要考虑，以至于常常忽视别人的利益。一个人如果不愿意以利他之心为宗旨，尽力帮助他的顾客，那么他在广告上或是销售上就不会有立足之地。你和我都不会心甘情愿地把自己的利益拱手让人，那么，你也不要指望别人和我们有多大区别。

请允许我用范·坎普这个例子来说明这些非常常见的弊病。有几个很能干的广告人创作出了打动人心的广告主题，可是他们谁都不真正了解市场形势。要是他们能够挨家挨户地走一走，去和家庭主妇们谈一谈，他们会得出完全不同的结论来，不过那样做太麻烦了。他们的主顾对当前形势的了解和他们一样少，其整个方案就是要用有趣的文案给人留下深刻印象。但他们从来骗不了拉斯克，他非常讲求实际。他知道，除非把商品卖出去，否则任何一时的优势都不会起作用，所以他尽最大的努力，到处寻找可以把商品推销出去的人才。

让我在这里中断一下，强调这样一个事实：取悦讨好那些对消费市场了解得比你还少的人，你可能会有一时的机会，但是你可能错过真正的机遇。像我们刚才分析过的一样，人们做生意是为了获得利润，不是为了探索某种概念。如果看不到利润，他们的纸上谈兵也会灰飞烟灭。

我的朋友中没有一个是我的客户，我在自己的生活中从没有真正获得过客户的同情。尽管如此，我仍然尊重他们的地位。他们很希望事业有所发展，有所成功，这一点和我一样。不过，他们代表着卖方，而我必须站在消费者的立场上。这两种立场的区别就像地球的两极一样。

范·坎普的猪肉黄豆并没有什么特别之处，它们和其他猪肉黄豆一样。我们在范·坎普加工厂碰面的时候，他们拿出了五六种品牌的产品来，在场的人没有一个能说出哪一种是范·坎普的产品。

但是我们说出了其他人从来没有说出过的事情。我们讲到了大豆是从特别的土壤中生长出来的——所有优质菜豆都必须生长在这种土壤里，我们讲到了番茄如何在藤上成熟，讲到了利维斯顿崖的番茄。其实，我们所有的竞争对手也都使用它们。我们讲到了我们如何分析每一批大豆原料，其实，每一个罐装食品生产商都必须那样做。

我们讲到了我们的蒸汽炉，大豆要在245度高温下在里面烘烤几个小时。其实，这也是做罐装食品的一般程序。我们讲到了我们怎样在“软水”里煮大豆，去除使豆皮发硬的某种石灰质。其实，我们的对手也是这么做的。我们拍了照片，大豆完整、圆润、粉嘟嘟的。我们把它们和家制的大豆做比较，家制的大豆上面是焦脆的，下面是烂糊的。我们讲到了为什么家里烹制的大豆放久了会变酸，而且还不容易消化。还讲了我们怎样使用密封容器生产制作，所以香味才不会流失。

我们讲的完全是每一个竞争对手都可以讲的事，可是他们都认为这种故事实在是太平常了。后来我注意到很多在城里吃午饭的人会经常点猪肉大豆，这些菜都是工厂加工的。很明显，比起吃家里做的菜，这些人更喜欢吃工厂加工的，我也是这样。

于是我派人给饭馆和快餐店送去范·坎普的产品，很快就有几千个店铺中午供应我们的这种产品。我们公布了这件事，告诉大家有多少家店在卖，估计每天有多少人跑到某处去吃范·坎普的食品，这引起了主妇们的注意。

家庭主妇们开始不再打算在家里烹制大豆了。这是一个漫长而又艰苦的工作，我们选定一些主妇（占总数的 94%），教她们怎样轻松地改变习惯。我们给她们讲解和展示不同的效果，告诉她们有多少男人在城里买大豆吃。

我们这样做自有道理，我们烹制的大豆可以比任何家庭主妇在家做的都好，但是我们不可能比竞争对手的好很多。所以我们针对消费者最薄弱的地方发动我们的攻势，使范・坎普的产品成为解决问题的方法。同时，我们创造了巨大的需求。不仅仅如此，范・坎普品牌的价值要比我们竞争对手的高很多。

接着，范・坎普开始生产炼乳，开始是在一家工厂里生产，后来发展到七八家。他想为此做广告，可我们劝他还是打消这个念头。炼乳是一种标准化生产的产品，它必须符合政府的要求，达到特定的生产标准。对天然产品或者标准化的产品来说，你很难确立或宣称一种优势地位。比如其他人也可以说："买我的鸡蛋吧，因为它们来自山区农场。"或是买他们的黄油、猪油。为了让人们买某种品牌的特产，比如说某种牌子的面粉、燕麦或类似的特产，他们不知胡乱花了多少金钱出去。其实他们所能说的一切一般不过是："买我的牌子吧。把你付给别人的钱付给我，一定要让我拿到这个钱。"这些对大众来说没有多少吸引力。

我分析了炼乳的市场状况，发现如果不考虑广告因素的话，有些牌子已经控制了一半的市场。试图取代他们的竞争对手众多，他们中的一部分也已经坚持了很多年。唯一的原因就是因为他们是熟悉的品牌，家庭主妇们总会买她们熟知的品牌。

于是我设计了一个计划，以便让范・坎普的炼乳为人们所熟悉。在一幅整版广告上，我夹入了一张优惠券，可以在任何商店里换一罐 10 美分的罐装炼乳，我们按零售价格向销售商付款。我们在 3 个星期内一直向经销商们说这个广告就要发布，同时，我们开始宣传范・坎普炼乳。

我们把这些广告的复印件发给所有的杂货销售商，并且告诉他们说他们所有的顾客都会收到这样一份优惠券，这也就是说他们必须存有范·坎普炼乳。每一份优惠券意味着 10 美分的销售额，如果他们不这么干，这个生意就会跑到竞争对手那里去。

这次活动的结果是，我们立刻覆盖了几乎整个市场。

我们在几个中等规模的城市试行了这个计划，然后进军纽约市。那里的市场被一个竞争对手的品牌控制着，范·坎普产品的销售有限。在 3 个星期内，我们主要通过信件方式建起了 97% 的分销渠道。所有的杂货商都明白，他们必须做好应对这种优惠券的准备。

与此同时，我们在报纸上宣布优惠券即将面市。我们告诉家庭主妇们她们可以从这种炼乳中得到什么，我们试图使她们从瓶装牛奶转到炼乳上来。

接着，我们在星期天的一张整版广告中夹入了优惠券，只在大纽约区进行。结果有 146 万张优惠券出现在各个商店，我们为此向百货商们付出了 14.6 万美元。可是有 146 万家庭在读了我们的故事之后品尝了范·坎普炼乳，而这一切全都发生在一天之中。

包括广告费用，这一次企业一共花了 17.5 万美元，而大部分花在兑现优惠券上。在不到 9 个月的时间里，我们就赚回了这笔钱，还有了盈利。我们从此占据了纽约市场，而且从那以后，范·坎普每年都以巨额的销售保持这一局面。

把这种手段与挨家挨户派发试用品做一下比较，在后一种情况下，你是在推销一种别人并不需要或并不想要的产品，它没有什么魅力。那种试用品派发方式只会使你的产品掉价，商店里也不会进太多存货，店主会因为你白送了本该他们销售的东西而心生不满。

在我们的策划下，杂货店必须要进货，想得到赠品的主妇们也必须要出一分力。她要是不读那些关于炼乳的文字，就不会了解赠品的事；如果她兑换了优惠券，就说明那个广告使她产生了得到产品的欲望。百货店会因为通过销售创造了利润而感到高兴，主妇们使用了优惠券就会拥有范·坎普的产品。这样，我们就会一个接着一个地占据市场，并且能够保持这种态势。没有哪个敷衍了事的生产商能像我们这样一步一个脚印。你是在做表演还是真的想得到你想要的结果，这就是两者的不同之处。

很少有几家炼乳生产商能拥有全国范围的分销体系，他们生产不出足够的产品。所以，他们通常提高产量，发展当地市场。

当别的竞争对手也采用我们的派发试用品计划时，我们就要寻找别的方法了。那时候已经有成百万的家庭开始转而使用炼乳，每年的炼乳销售量大约是 2 400 万箱。于是，我们面临的最大问题就成了如何成为一个主妇们熟悉的品牌。

在我们试图占领的一些新城市里，我们派发一种神秘的礼物。我们宣布，只要家庭主妇们寄回 6 张范·坎普罐装上的标签，我们就会给她们寄一份礼物，或者我们在杂货店的橱窗里码上已经包好的礼物，却不公布它们是什么。任何主妇，只要买上 6 罐范·坎普炼乳，就可以得到一份礼品。

好奇心是人性的一个重要方面，对女性更是如此。如果告诉她们礼物是什么，有的人会愿意要这东西，而更多的人未必愿意要。不过，人们都会想要一份神秘的礼物。

送这种礼物需要考虑一些因素。礼品不能让人失望，应该比一般能让主妇们感兴趣的东西还要好。另外，送礼物的方式应该比较隐蔽。

这次活动的目的是吸引大批女性购买 6 罐范·坎普炼乳。她们付出正常的价格，却可以多得一份礼物，这使这种买卖变得很有吸引力。这份礼物的价值比我们的销售利润要高。但是牛奶是日用消费品，赢得一个新用户，要付出多少代价是很难确定的。6 罐范·坎普炼乳使这个牌子成为大家熟悉的品牌。消费者看过了范·坎普的广告，心里指望着从中发现比别的品牌更具优势的东西。在她需要时，她就会买范·坎普产品。通过这种方式，我们占据并且拥有了很多大型市场。

读者们也许会说这不就是一种试用品派发吗？是策划和销售，而不是我们知道的高级广告方式。我并不认同高级的、正统的广告方式。我们是在经营只看结果的生意，世界上最好的高谈妙论如果不能有所收益，也是完全没用的，每年都有千百万的金钱浪费在这上面。

我只想推销我必须要推销的东西，而且要赚到钱。我要看成本和利润，我们可以像艺术家和天才那样故作姿态，但那只能是昙花一现，商业圈里的人很快会让我们出局。所有那样做的人，最后都痛苦得要死，至少我认识的人如此，但一个有所成就的人永远也不会失去魅力。

我们有时能碰到一些人，他们往往围绕不实用的点子做文章，他们想夸大自己的业绩。在某些方面他们的确是出众的人物，但别人可以轻易地用虚华的点子讨得他们的欢心，因为广告对他们来说是一个迷宫。但是你如果真这样做了，你一定会失败。做生意的终极目标是利润，如果偏航到其他方面去找乐子，你会很快发现自己已经一败涂地了。

我曾经失去过很多客户，原因是我不肯过分包装某个企业，或是我不肯奉承某人的自高自大。但我发现，追求利润的人毕竟占了绝大多数，人们热切地希望能有新的方法赚钱。发现这些方法，知道怎样提高它们，那你任何时候都会比别人多具备10倍的价值。这不是华而不实的价值，不是让你的女朋友感叹“真是太美了”的那种东西，这是实实在在的销售。而存有华而不实之心的人是不可能在任何方面做努力的。

10. 汽车广告

我最早的广告写于 1899 年，是关于密尔沃基出产的一种蒸汽汽车的，我给这篇涉及车的文案取名为《国王的运动》。我拥有的那种型号的车是拉辛市的第一款汽车，拥有这辆车的第一天，它就让我破费了 300 美元，用来赔偿受惊吓的拉出租马车的马和一些别的损失。

我既是司机，又是修理工。启动这辆车要花上 30 分钟，如果我们要赶火车，就必须要考虑这一点而多算一些时间。不过比起让这辆车开动，发动它还只是个小问题。如果我们开了 10 英里还没有抛锚，那真是天大的幸运。每次要去 25 英里外的密尔沃基，我们都是直接开到工厂去修车，很少当天就能把车开回来。

每开 10 英里我们就要停下来加一次水，然后我们再观察水温计。车子开动的时候要不停地加水，可是在那个时候，车子在路上走得实在太慢了，水箱的水几乎热不起来，供应不了足够的蒸汽。我们的座位就在水箱上面，我还记得夜里在泥泞的路上赶路，要一边走一边观察水箱，看着水位一点一点降下来，降到某一点时，我们相信水箱就要爆炸了，但是我们还得继续赶路回家。在一个漆黑的夜晚坐在水箱上面等着它爆炸，心里还要想着前面有漫长的泥泞道路要走，这种滋味真是苦不堪言。但这种经历使我成了汽车爱好者，从那时候起，我成功地为约 20 种汽车写过广告。

我刚开始为洛德暨托马斯广告公司工作时，休·查尔姆斯（Hugh Chalmers）买下了托马斯·底特律（Thomas-Detroit）汽车的股份，他跑来向我咨询。查尔姆斯先生是一个让人难以忘怀的人，据说，他为美国国家收银机公司（National Cash Register Company，NRC）工作的时候，曾经是全美国收入最高的销售经理。我从他那里学到了很多销售技巧，而且还可以很高兴地说，我们在一起时从未发生过分歧。

那时，汽车广告的难题与今天的有所不同。这么多年来，世界就像一个万花筒一样，在不断发生变化，一个人要不断地学习才能跟得上它的节拍。

我突出宣传了当时查尔姆斯公司的总工程师霍华德·科芬（Howard E. Coffin）。你会注意到，只要一有机会，我就会在广告活动中加入一些人性化的东西，这种方法总能让人印象深刻。因为我发现，人们总是愿意与取得某种杰出成就的人打交道，而不愿与缺少灵魂的大型企业打交道。在广告活动中提及某个专家的名字，意味着这个人有着独特的能力和声望。他在公众中可能没有名气，和一般刚起步的人没什么区别，但如果一个大公司来包装他，人们就会对他满怀尊敬，他很快会很有名，接着他的名字会成为独一无二的巨大价值的象征。在我刚开始为他宣传的时候，霍华德·科芬还默默无闻，广告使他声望倍增，在战争时期，他被任命为飞机制造局的局长。

因而，某个人的名字通常要好过铸在产品上的名字，甚至远远好过一个商标，它使广告主显得像一个为自己的产品而自豪的人。让一个人出名比让一个机构出名要容易得多。想想看，在戏剧、电影或其他作品中，有多少名人涌现出来，这些名人是被刻意制造出来的。在商业经营中，道理是一样的。

那时候，凯迪拉克车和查尔姆斯车的售价差不多，都是 1 500 美元左右。凯迪拉克的名声更久远一点，车型也漂亮得多，但是通过对霍华德 · 科芬的宣传，查尔姆斯车有了完全不同的形象，这使它取得了成功。

在发展过程中，我们又遇到了新的情况，我们发现有一种印象在悄悄滋长，即汽车的利润似乎高出了正常标准。针对这种情况，我们用广告标题大张旗鼓地说："我们的利润是 9%。"接着，我们又说明了很多无形但又实在的成本，一辆车的总成本超过 700 美元，还不算装饰部分，比如坐垫布套等。

这又提出了广告的另一个重要因素，即对广告诉求做具体说明的好处。平铺直叙、笼笼统统的说明给人留下的印象就像蜻蜓点水一样。比如，"世界上最好的"、"多少年来最便宜的"、"最经济合算的"等，这些都不会说服人。这样的许诺是别人意料之中的，报纸杂志也只是把它们当做推销员们全力以赴的吹嘘。它们不是什么是与非的问题，只是一种夸夸其谈。但这可能危害更大，因为它说明你的表达软弱无力，而且会使别人对你所说一切的信任都大打折扣。

但是当我们作出具体明确的承诺，说出真实的数据或事实时，我们提出的东西就具备了可以称量的特性。我们有可能说真话，也有可能撒谎，但人们并不太担心大企业说谎，他们知道我们不可能在最好的媒介上撒谎，所以我们的承诺赢得完全的信任。我希望将来还有机会谈谈对广告诉求的内容做明确而具体的说明的好处。

哈德森公司（Hudson）是查尔姆斯公司的一个分支，查尔姆斯先生在其中有股份。因为查尔姆斯公司在销售上配备的人手很多，所以组建了哈德森公司。霍华德 · 科芬被调到了哈德森公司，我就在那里包装他，但这次我们做得更多。我们刊发了董事会的照片和名单，宣称其中有 48 位工程师。由此我们努力宣传哈德森公司技术上的成就，这与当时的形势正好合拍。汽车在那时还不完善，出故障是常有的事，所以一般人在购买时考虑更多的是技术的好坏，而不是其他因素。我们使哈德森在这方面处在一个非常显眼的位置上。

这样就为它建立了一个坚实的基础。哈德森车取得了很大的成功，至今势头不减，其原因很大程度上就在于我们早年打下的基础。我为哈德森车做了 7 年广告，然后把它转交给我的一个门生，他继续采用非常相似的策略。

大切诺基（Overland）的故事听起来非常浪漫。约翰·威利斯（John Willys）先生在纽约州的埃尔迈拉市经营一家商店，叫做埃尔迈拉兵器公司，经销自行车。不久，汽车面世，他拿到了大切诺基的代理权，在印第安纳波利斯开了一家经销代理公司。

大切诺基是那时为数不多的好车之一，在他的公司大切诺基一辆接一辆地被卖了出去，最后在埃尔迈拉地区需求远远大于供给了。威利斯先生不得不采用收订金的形式接受订货，他把订金寄到印第安纳波利斯，可是车子没有来，于是他去印第安纳波利斯看个究竟。星期天早上他到了那里，在旅馆里会见了大切诺基的董事们，董事们告诉他，他们已经破产了。前一天晚上他们就已经付不出工资了，还欠着大约 4.5 万美元，这笔钱是还不清了。威利斯先生也拿不回他的订金了，于是他就想办法要拿到车。

他说："如果你们破产了，就没法再经营这个生意了。"

"没有办法，"他们回答说，"我们正准备放弃。"

"也许我可以继续经营。"威利斯先生说，"你们能不能把它转让给我，包括债务和别的东西？"

他们愿意转让。马上要发的工资有 450 美元，威利斯先生决定想办法筹集这笔钱。他从旅馆经理那里借了一些，自己又拿出了一些，第二天早上他把工人们叫到一起，付给他们应得的工资。然后他说："赶快装一辆车。把零件找齐，要快一点。我们必须弄到更多的钱。"

他们真的组装了一辆车。威利斯先生把它运到了在宾夕法尼亚州阿伦敦（Allentown）的一个朋友那里。他还随车附了一封信，大意如下："亲爱的艾伯特：我给你运去一辆大切诺基，即期汇票和装货票随信附上，你必须买下这辆车，因为我已经兑换了即期汇票，而且已经把钱花了。"

"亲爱的艾伯特"真的把车买下来了。接着他们又组装了一些车，并用同样的方法把车运出去，约有 4/5 的车卖了出去。对车的需求越来越多，资金上的问题也越来越严重。

威利斯先生带着他那著名的友好笑容去找债主了。他说："要是你让我们关门倒闭，你就什么都得不到，因为我们那里是什么都没有了。但是，给我一个机会，我会熬过困境，也会把欠你的每一块钱都还给你。"债主们接受了这一提议，因为他们也没有别的解决办法。

威利斯先生又筹集到一些数量很少的钱，又继续开始经营了。很快，工厂生产出来的产品就被卖空，又没有时间建新厂房，于是他搭了帐篷。我相信就在那些帐篷里，那个季度他挣了 36.5 万美元。我不敢担保所有的数据都准确，我是凭记忆讲的，但其精髓千真万确，很能说明问题。

接着，威利斯先生决定回埃尔迈拉，并在那里建一家工厂，那儿是他的家乡。那天晚上他正在刮胡子，准备去赶火车，他在托莱多市的代理商给他打来电话，告诉他在托莱多有一间名为波普－托莱多的工厂破产关张了。代理商说："来看看吧。你会发现它的装备很好，有足够的钢材和零件，你就出个价买了吧。"

结果，威利斯就在托莱多停了下来。第二天，他到工厂里走了一圈，然后又去了纽约，把工厂买下来，随后他又去了欧洲。他回来以后，看到手下的人已经把钢材卖出去了。仅此一项所得，就远远超过他买工厂的钱。

我在前面说过，这个故事不一定完全准确，但是它说明了我的看法。

接下来的那个季度，我接手了大切诺基的广告，那是他们做的第一个广告。我分析形势，想找到这种车最引人注目的特点。但在我搜集的所有资料中，只有那段浪漫故事还能打动我，于是我的第一个广告主题就是“大切诺基的美妙故事”。我讲述了用户的需求如何使约翰·威利斯先生努力供应产品，需求如何不断增长，以致最后不得不支起帐篷干。

这个故事又一次很好地说明了广告中的一个原则。老百姓就像绵羊一样，他们无法判断价值，你和我也不能。**我们在很大程度上是根据别人的印象、根据流行的口味来判断事物，我们都随大溜儿。所以，我发现，在广告中最有效的方法就是抓住大众的潮流。**

这是一个不可忽视的因素。人们总是追随潮流和多数人的偏好，我们很少自己做决定，因为我们并不清楚真相。但当我们看到多数人选择向一个方向前行的时候，就很容易跟着他们一起走。

我在广告中展现人们是怎样奔向大切诺基汽车的，我描述了需求是怎样迫使一个倒闭的企业有了清偿能力，这种需求怎样创造了一个帐篷城。这样的表现手法很给人启发，然后他们就会跟随这种潮流。大切诺基汽车，就像它今天这样，成了世界上销量最大的汽车。

雷奥汽车（Reo）曾经一度处境也非常糟糕。某个季度，产品根本卖不出去，销售实际上停止了，而下一个季度的前景也难以预料，于是我被找来应对这场危机。我的广告生涯中的主要任务就是应付各种危机。风平浪静的时候，没有人会想到找我，一旦他们踏上坦途，几乎个个都会离我而去。

这在某种程度上也是我自己的错，因为我总是喜欢和危机打交道，能做领航员的时候我就绝不做船长。当一条广告大船平稳行驶的时候，我就对它完全失去了兴趣，工作就变得单调乏味。我总是想跳下这条船，再去给另一艘船导航。再说，广告主对老在同一条航线上跑也会厌倦，他会认为读者看到这条广告的次数快赶上他了，所以在这个时候，他就希望有一些变化。

我从来不同意这种观点。如果我觉得哪条航线正确，我就希望保持航向。也许换种方法也同样可以取得成功，甚至是更大的成功，但命运总是喜欢与人作对，在任何行业，取得巨大成功的路都不会很多。如果某个手段已经证明可以赚钱，我就不太愿意换掉它，除非已经通过实地检验，发现并证实在这一群人身上有一个更好的销售手段得到了应验，而且在另一些人身上也会应验。

按照我的看法，每一个广告应该讲述一个完整的故事，它应该包括所有有价值的事实和论点。我想，大多数人读故事只读一遍，就像他们读新闻消息一样。我不知道他们有什么理由还要再读一遍，所以我希望他们只读一遍就能了解所有需要他们了解的事实。

任何一个完美的故事，如果一遍又一遍地讲下去，也肯定会让读到的人感到厌烦，也会让写作它们的人感到厌倦。作者和读者都会要求有点变化。

我研究了雷奥的问题，然后就到别处去进行思考。这辆车是由最早的汽车生产商之一的 R. E. 奥兹（R. E. Olds）先生制造的。考虑到这一点，也考虑到它目前的困境，以及造成目前这种形势的所有竞争因素，我想只有找到有效的办法才能帮他们摆脱困境。

几天后，我回来告诉奥兹先生我会接手这个广告，但有三个条件。第一个条件是，他要把这种新车型命名为雷奥五世。这是为了有一个不同寻常的名字，同时也是为了强调我们有一种新的型号。

第二个条件是，奥兹先生要在广告上签字，以便充分利用他的名气。我对他说我会写出令他自豪的广告，他同意了。

第三个条件是，他要宣称这部车是"我的告别车"，这是为了表明这款车是某种程度上的终极，是他最满意的。"可是，"他答复说，"我还不想退休呢。"我说这并不重要，萨拉·伯恩哈特（Sarah Bernhardt）做了 7 次告别巡回演出，他也可以有这么两三次。任何告别最终都是有可能改变的。

于是我们设计了题为"我的告别车"的广告，上面签着"R. E. 奥兹，设计师"。这个广告将他表现为一个非常朴实、非常有经验、有主见、为追求完美而不惜代价、把自己的名声看得比利润重很多的人。从一开始，这场广告活动就取得了非同一般的成功，雷奥五世一下子就成了当年最引人注目的车型。一个新的时代降临到雷奥公司，直至公司发展成为工业界最坚实、最成功的公司之一。

但是，我所做的最成功的汽车广告最后却因某种原因成了一场灾难，那就是米切尔汽车（Mitchell）的广告。我被召到那里去应付危机。像往常一样，我对汽车业的处境、目前的做法和未来的趋势做了大量的调研，得出的结论是，最好的解决办法是告诉消费者它的效率。效率是当时生意圈里所有的人谈论的流行主题。

米切尔公司有一位能干的效率专家，还有一间高效的工厂，所以我设计了这样的广告主题："约翰·贝特：效率专家"，讲述这个人及其工作方式。

那个广告活动也棒极了，我不知道还有哪个汽车广告能引起这么大的需求。销售以一种令人惊奇的速度增长，我拨动了大众的心弦，因为汽车买主们最关心的是由效率带来的经济性。很快，这家公司踏上了通往巨大成功的道路，它大量追加投资。但是，这种车最终的命运却是竹篮打水，由于它的工程师省略了很多细小的环节，几百辆车被退了回来。每一辆售出的车都使米切尔这个名字蒙羞，销售越多，损失就越大。这个原本非常成功的广告由于产品的缘故，惨遭失败。我们对销售的东西评价太高，臭名传千里，想恢复都不可能。这又成了广告的另一个教训。

1924 年我被找去为斯图贝克（Studebaker）汽车做广告。当时我离开汽车领域已有两三年的时间了，我必须让自己对这一领域的情况再熟悉起来，这永远是有必要的。**一个人如果不了解公众的意见，他就不可能触动人们的心弦。**

我花了几个星期的时间做研究。斯图倍克曾经非常成功，销售额成倍增长，资产和利润不断增加，使它成为股市上的黑马。我觉得这些令观望者感到鼓舞的事实，正是斯图倍克成功的一个主要因素，于是我决定在这个基础上开始工作。

最终我还是开展了一次与以往非常类似的广告活动。我们公布了成倍增长的销售额，公布了他们拥有的资产和设备，我们用真实的数字说明批量生产如何降低成本，我们把自己采用某些材料的成本与其他人所采用材料的成本做了比较，我们给出了具体数字，表明了我们如何通过年产 15 万辆车来解决相对较高的成本问题。对于那时的汽车业，这是一种新的宣传方法，而今天它在汽车广告领域已经用得很普遍了。

这件事的经验与我从其他所有推销工作得出的经验一致，我们必须知道顾客在想些什么，将会需要些什么。一个人要想成为领导潮流的人，就必须了解潮流。

对很多人来说，广告就是创意，语言技巧和语言风格最为重要。其实不然，如果写得好就有效的话，广告就会成为一种危害。广告的实际功用是为了推销，尽管任何推销的努力都难免会招致一定的抵制。

书面推销与人员推销是完全一样的，风格是一种缺陷，任何喧宾夺主的东西都会削弱受众的印象。也许有人会说："这广告真漂亮，照片很完美，表现方式妙不可言。"但是这种理解会妨碍人们对整个广告的印象，它说明你缺乏诚意，只想推销。如果有人明显地想让我们掏钱，我们就都会警觉起来。

唯一的推销方式是通过某种途径让别人看到你在提供超值的服务。你可以采取最简单的方式提出你的诉求，大多数成功的广告是通过简单的方式达到目的的。它们见什么人说什么话，看上去是在提供人们想要的服务。这就是为什么那么多"精美的广告"不能获得理想效果的原因，人们对这类广告都怀有戒心，这也是为什么那么多采用原始方法的广告反倒能取得成功的原因。这是那些忘我的超级推销员们创造的。

11. 轮胎广告

开拓轮胎广告业务也是我的一项事业。从自行车出现时起，大概就有人在为轮胎做广告了，但是那时的广告不过是说一个名字而已。固特异公司（Goodyear）的广告多年来都是由我们代理的，我相信他们以前每年的广告支出从未超过4万美元，因为没有人相信轮胎也可以很流行。

有一天我们发现，我们可以靠增加客户数目的方法来扩大我们的广告业务。后来，这成了我们的一个重要原则，随着这些业务的发展，我们成了世界上最大的广告公司之一。

付给广告代理公司的佣金是由媒介出版商支付的，这并不是因为客户经常会从一个代理商转到另一个代理商那里去，而是为了增加广告的投放量。我们必须挣钱，一种方法是寻找和发展新的广告机会，另一种办法是使现有广告主增加投放费用。

我很少从其他广告代理商那里抢客户，我从来也没打算过这样做，除非是发现有一个极好的机会正面临被错误的方法毁掉的危险。我所有的大客户几乎都是我自己一手开发出来的，有时候我会从很小的生意开始，让广告随着对方盈利的增长而增长。这种发展才构成了广告真正的成就感。

在我们的不断劝说之下，固特异的人最终同意增加广告支出。第一个季度，他们给了我们20万美元，这对他们来说是很大的一笔钱。

他们那时正在开发一种叫做直边轮胎的产品。我听说过这种轮胎，但并没真正见过。我的办公桌上经常堆着这类广告，我对轮胎和广告都有兴趣，但从来不清楚直边轮胎是什么意思。

我向他们咨询，他们给我演示了直边轮胎和勾边轮胎（clincher tires）的区别。我问为什么要做成这样，他们告诉我，这种直边轮胎，一方面轮圈不会出来，另一方面无论什么型号，气体置换量都超过10%。

“那你们为什么不着重说明这个效果呢？”我问，“效果是人们最想知道的，他们并不在乎你们怎么得到这种效果。”

这对他们而言是一种新概念，他们是制造商，只对构造感兴趣。因为他们只关心生产工艺的细节，他们自然只会对人谈论这些东西。

这也是为什么没有哪个制造商能自己操作广告的主要原因，现在也没有多少人能这样做。广告主与自己的厂子关系太近，他自己对生产的兴趣妨碍了他看到顾客的需求，使他很难站在顾客的立场上考虑问题。

制造商只讲他为之骄傲的东西、他的工艺和流程、他的工厂规模及他的经营史等，广告人必须研究顾客，告诉顾客他们所想知道的事情。

我提出了一个名字：“No-Rim-Out轮胎”在每一个广告上我们都采用这个主题：“No-Rim-Out轮胎，容量增加10%。”反应迅速而巨大，销售飞速增长，固特异轮胎很快就在轮胎王国占据了领先地位。

另一个结果是，所有的竞争对手也不得不开始生产这种轮胎。因此，在两三年后，固特异轮胎也不能再强调它在这方面的优势了。于是我们逐渐地减少使用“No-Rim-Out 轮胎”这种提法，而更多地强调固特异这个名字。

但是到了那个时候，我们又有了另一个更强有力的诉求重点：对固特异轮胎飞速增长的需求。我们用图片和文字大肆突出这一点，直到整个汽车世界似乎都在使用固特异轮胎为止。

在大多数行业里，这都是一个很出色的推销方法。**人们总有从众心理，对很多事情，他们很难分析原因和结果，所以他们接受大多数人的判断。**

我们还通过这种命名的把戏做了另外一件事，我们把防侧滑轮胎叫“全天候”。我们找出了最关键的诉求点，让名称反映出这一点。这样，这个名字就足以体现我们的主要宣传内容，它本身就构成了一个广告。我们那时的主要目的就是鼓励开车的人在所有的天气条件下，在所有的轮子上都使用这种轮胎。由于那个广告的影响，从那时起，这真的成了开车人的一种习惯。

如果一个名字就能讲述一个故事，那它就有很大的优势。产品名称一般都是要在广告中展示出来的。这样，恰如其分的名字对那些步履匆忙的人来说，就是一个相当完整的广告。找到一个合适的产品名称往往是好广告的重要一步。毫无疑问，拥有这样的名称总是可以事半功倍。想想下面这些名称的价值：五月风清新剂（May Breath）、三合一汽油（3-in-one Oil）、棕榈橄榄香皂（Palmolive Soap）等。

我们还有一个问题要解决，就是让经销商存货，那时的经销商很少这样做，他们只在有人订购的时候才从固特异的分公司买进产品。我们筹划了一次大型报纸广告活动，在报纸广告上刊登所有有存货的经销商的名字，最低的存货额标准是 250 美元。在几个月的时间里，我们说动了 3 万个经销商以此为标准购进固特异轮胎。这场广告活动在很大程度上改变了轮胎经销生意的流程。

这种在地方广告上宣传经销商名字的做法，对促进他们存货有着不可低估的作用，没有什么方案能比这个更有效。没有哪个经销商愿意看到竞争对手的名字出现在某个大型广告活动中，而自己的名字却不在其中。加入这个方案的人越多，争取其他人加入就越容易，我经常通过这种办法帮新产品迅速打开销路。

固特异广告活动是我最成功的案例之一，它使固特异轮胎成为领先产品。我不可能找到比这更有效的方法来应付市场环境的改变，固特异的广告费用也从每年 4 万美元增长到近 200 万美元。

但我还是失去了它，他们要求做企业形象广告的欲望越来越强烈，而我从来不能接受这种东西。他们这样要求是很自然的事，巨大的成功让很多人有了小小吹捧自己一下的欲望，但吹捧是大家最不想听到的东西。人们喜欢展示他们的厂房，讲述自己是怎样成长起来的，还要对自己的方针策略做一点小小的说教。这也许令他自己开心，但这不是推销。我不想做是因为没有人会在广告中或在其他情形下容忍别人冒犯自己的原则。如果一个人只是为了钱做事，那他就输了。也许他在金钱上尚有收获，但绝对算不上一个成功的艺术家，他也无法专注于自己的专业并达到更高的水平。

这里隐含着广告中最大的矛盾。广告客户付了钱，他自然有权为所欲为。在开始的时候他并不急于动用这种权力，毕竟这个领域对他来说还很陌生，但当他觉得自己也是个广告专家的时候，问题就来了。真是很奇怪，为什么我们都希望在自己的能力范围之外逞能呢？

很多人因此偏离了正路，人们在一种生意上挣到了钱，却又把它们胡乱投放到其他领域中。他们大概觉得一次成功就能让他们成为生意上的超人。

这些人不会冒险去指挥一次外科手术，或是告诉一位律师应该怎样打赢一场官司，或是指导画家怎样画一幅画。他们深知自己在这种技术领域的能力欠缺，但是对广告就不一样了，这对他们来说似乎太简单了，因为这是针对单纯的人群的。他们并没有认识到，就算用一生的时间，人们学到的也不过是广告的一些入门知识。

后来我又为米勒轮胎（Miller）做广告。当时形势发生了根本的变化，消费者开始普遍认识到好轮胎其实都差不多。我们必须推翻这种印象，设法培养他们对品牌的偏好。

西海岸的公共汽车广泛使用米勒轮胎，我搜集了这方面的数据和记录。公共汽车使用米勒轮胎的数字给人印象很深，里程记录也让人吃惊，米勒轮胎更多用于商业的趋势非常明显。

我把这些事实用做我的广告活动的主要素材。一般的轮胎购买者不会做这样的比较，他们很少会记录轮胎的使用里程，即使这样做了，所采用的方法也未必科学。但他们知道，轮胎的大用户并不会仅凭推测就接受某种轮胎，于是我就利用这种想法做文章。我用精确的数字引证了比较后得出的结果，我展现了米勒轮胎用于商业的趋势，而对于商业用户来说，他们清楚自己在干什么。

我讲述了在米勒工厂里做的实验。在那里，大型机器在实地路况下对所有的轮胎进行磨损实验，结果，没有哪种轮胎比米勒更耐用。我造成了这样一种正确的印象，米勒人正想尽一切办法保证轮胎达到最大行驶里程。这是一次简短但成功的广告活动。

与其他行业一样，我们的问题就在于如何在经销商与消费者之间做出选择。我的想法是，我们不能把一样东西卖两次。我们不能一面大量地花钱做广告，一面却在向经销商推销时表现得软弱无力，然后又为经销商的销售再花一笔钱。那样转嫁到消费者头上的成本就太多了，我们必须有所选择。

如果经销商有兴趣，觉得可以卖出去某种产品，那就让他去卖吧。但是，如果我们打算帮他把产品给推销出去，我们付给他的利润就不能超过独家代理商的利润。

广告的最大灾难是销售成本的成倍增长。生产商单是为了做广告争取顾客，花的钱就已经够多的了，接着还要把利润分一些给中间商或分销商，让他们也沾点利益。生产商提供免费试用品和其他值钱的赠品，却不要任何回报，由中间商或分销商去满足需求，成为最主要的供货者。

推销中存在一个很大的问题。一个没有做过广告的产品，如果没有消费者需求，就必须依靠分销商打开销路，这些人总想一口吃成大胖子，但是无论你给的利益有多大，总会有人超过你，你的利润很快就会变得微乎其微。

如果你是一个广告主，正在创造消费者需求，你必须在某种程度上忽略这些中间环节。公平地对待中间商，但不要为他们不能做的事付钱。如果你不反对，中间商就会把他们自己的竞争费用算到你头上，分销商会把你分配的利益与他自己生意的利润相比较。他们不会认为在某一个项目上其实是你在做销售工作，而在别的项目上完全要靠他们自己来做相应的工作。

我做过很多种产品的广告，其中大多数并没有雇用销售人员。这些广告的整个思路就是直接赢得消费者，让他们向中间商或分销商施加压力。那些试图向消费者进行推销，又再向中间商或分销商进行推销的人，付出了高昂的代价。你必须做出选择，销售利润并不足以同时应付这两方面。

12. “棕榈橄榄”的早期历史

我们在公司里组建了一个“顾问委员会”，我做负责人。我们宣布，任何人都可以提出广告方面的问题，或是本人亲自来，或以书信的方式，他可以得到我们公司最好的人的建议，不过他也可以不接受。大约有 16 个能干的广告人参与这个委员会的工作，为广告主提供诱人的机会，这些广告主有现实存在的，有的也是颇有发展前途的。有好几百人带着自己没有把握的方案来找我们，其中十之八九的项目我们都建议他们不要做下去。那些犹豫的人多是倾其所有下赌注的大客户，这种情况很多。

我们这些聚会的目的是为了发掘广告人才，帮助他们避免错误，同时尽力争取在众多的广告提案中发现宝贵的广告机会。在同样的策略下，我们出版了很多书，根据我们自己的经验给大家提一些建议。我们认为，我们的利益建立在整个广告业繁荣的基础上。失误和灾难会妨碍广告业的发展，而一次引人注目的成功则可以令许多人欢欣鼓舞。无疑，我们有益而又无私的政策是过去20年里广告成长的一个重要因素。

有一天早上，位于密尔沃基市的约翰逊肥皂公司（B. J. Johnson Soap Co.）的B. J. 约翰逊先生来参加我们的聚会。和他一起来的是该公司新任命的销售经理查尔斯·皮尔斯先生（Charles Pearce），这个人很想找到一条成功之路。他们是来讨论一种名为“佳凡力克”（Galvanic）的洗衣肥皂的。经过认真考虑，我们建议他们不要打广告。为新客户打气实在是一件很困难、很费力的事，根据我们提供的事实，他们很快就同意了我们的看法。

接着，我们问他们还有没有什么别的产品，他们说有一种叫“棕榈橄榄”（Palmolive）的浴皂，是由棕榈油和橄榄油配制而成的，只有少量销售，他们尚未考虑为它做广告。

当时与会的人对美容用品的前景还只有一个模糊的认识，这注定我们以后要在这个行业大展鸿图，取得广告上的巨大成功。对女人来说，没有什么比美容更具吸引力。有个人提到克莱奥帕特拉[①]曾经使用过棕榈油和橄榄油，另一个人提醒我们罗马美女也曾经用过。慢慢地，我们意识到一个广告机会正在萌芽，于是我们请求肥皂制造商让我们试一试。我们建议在密歇根州的大激流市做一个实验，预计有大约1 000美元就可以完成这个广告。可是对于这样一个不确定的项目，这个赌注仍然太大了，于是我们不得不改到密歇根州的本顿港（Benton Harbor），那里只需要700美元的费用。在那个小城里，“棕榈橄榄”香皂的广告第一次面世了。

我们策划了一个这种香皂面世的广告活动，这种手法在我的那些最得意的广告中都使用过，我是设计这种手法的第一人。据我所知，这种手法正是我取得成功的一个重要因素。我们发布了两三个广告，讲述“棕榈橄榄”香皂的故事，推出美女形象。在广告上方的一个方

① 克莱奥帕特拉（Cleopatra），著名的埃及艳后。——译者注

框里，我们宣布几天后将为每一位提出申请的女士买一块“棕榈橄榄”，这个消息使我们广告的读者成倍增加。如果你提出给女士买什么东西，她就会很关心这件事。这样，我们的广告就引起了大多数女性读者对这种合成香皂的兴趣。等我们感觉到我们创造出的需求已经很充足的时候，我们登出了一整版广告，里面有一份优惠券，可以在任何商店里兑换一块10美分的香皂。优惠券授权经销商给每个兑换人一块，然后把账记在我们头上。

与“免费”赠送相比，这种办法有很多优点。首先一点，它让人印象更深刻。一种方法是你提出为女士们购买一种产品供她们试用，并且为此向经销商付钱；另一种方法是你免费向所有人提供产品。这两种方法相比，对心理的影响会有很大的差别——无偿提供会使产品掉价。如果我们一开始送给人们的是礼物，而后给他们的又是需要付钱的商品，那就会遭到一定的抵触。但如果我们自己就像消费者一样买这些产品，我们就显得非常自信，相信自己的产品一定会受到欢迎。“我们来付钱”是一个比“免费的10美分香皂”好得多的广告主题词。

接着，这种购买方式就会促使经销商存储你提供的产品。不需要什么推销员，把你的优惠券广告的证明寄给经销商并向他们指出，每个家庭都会收到这个广告，只需要这么做了就可以。这份优惠券可以当做10美分使用，女士们不会把它扔到一边。如果一个经销商不愿意兑现它，其他人也会愿意。按照这个方案，我们没用多大的成本就很快建立起了广泛的销售网，这当然是广告最基本的要素。

在所有社区都推出几个宣布“购买”计划的广告，并且确认你的提议已经被许多人读到。当那个整版广告刊出优惠券的时候，所有对你的产品感兴趣的人都会来购买它。就这样，在两个星期的时间里人们便了解了我们的产品，我们赢得了成千上万的用户。

我从来没有看到，将试用品或正式卖品提供给那些不需要的人能有什么结果。我们必须在别人认识到我们产品的价值之前，激发起他们对它的兴趣，我认为不加选择地胡乱派发实际上是一种糟糕的做法。没问一下对方就把产品送出去，或把产品扔在别人门口，会失去别人的尊重。如果你能够让他们也付出一点努力，或者让他们能根据要求以零售价购买到所需产品，效果会完全不同。

这就是我们最初在本顿港采用的“棕榈橄榄”广告方案。我相信成本只有 700 美元，其中还包括了兑现优惠券的成本。结果，有成千的妇女开始使用这种香皂，而且对其质量和优点深为了解，接着我们就要等试用的效果了。顾客在试用过这种香皂后会怎么做？这个问题的答案是广告中最重要的因素。

现在我要讲到一些数字，可能并不很精确。这次活动是 1911 年开始的，我的记忆有可能有错误，不过应该不会有大的误差。在本顿港的持续销售使我们在必须支付广告费之前就已经收回了广告的花费。我们知道弹对了音弦，我们赢了。

我们又在其他无数个城市里试用了同样的广告，最终效果是一样的。我想他们花了大约 5 万美元做区域广告，结果证明我们的诉求的确有效，我们的广告一直所向披靡。然后我们就去找杂志，通过我后面讲到的方法，我们的产品销到了全国。

在这里我要停下讲点别的。我并不想过分突出我在刚才讲的那段往事里扮演的角色，我们的公司是由一群经验丰富的人组成的，大家在一起工作。我们公司老板常说，如果任何人不靠我们就能成功的话，那么我们也就不会成功，但我不同意他的观点。我们取得的最主要的成就，就是由我们自己发掘和发展出广告机会，这是很自然的，因为这是我们的本职工作。广告计划、广告理论，还有广告战略，全是我们的创造。但是，有一个必要条件就是这个产品必须得到大家的认可，这取决于它的制造者；另一个必要条件是要有好的经营管理。事后，我认为“棕榈橄榄”的成功很大程度上是因为这个原因。1911 年那个早上，查尔斯·皮尔斯的到来起了至关重要的作用。

这本广告生涯自述的目的并不是想夸耀个人的优点，只是想为那些在我之后进入广告业的人提供一些我历尽艰辛才得到的生意经。我不想贬低任何人所扮演的角色，或是伤害哪一个人的自尊心，毕竟没有任何生意是靠一个人就能闯出来的。

在地方报纸上发布过“棕榈橄榄”试验广告之后，我们决定尽快发展全国性的分销网络。我们仍然按照以前在地方广告中的做法去做，我们在《星期六晚邮报》和《家庭主妇》杂志上分别订购了一版广告，在广告中我们加入了一张优惠券，凭此券可以在全国任何药店获得一块 10 美分的“棕榈橄榄”香皂。在此之前，我们已经向所有的药店寄去这幅广告的清样，并告诉他们这两份报刊在当地的发行量，告诉他们无论顾客还是药店，都可以把这张优惠券当做 10 美分来用。最终我们获得了来自各地的订单，实际上这种香皂他们还从来没有见过。我记得，这些订单的总额超过了 10 万美元。

中间商进了大量的货——我想，是实实在在的存货，所以，经销商可以很快获得新的供货。广告刊登出来后，对兑现优惠券的巨大需求马上就显现出来了。几天之后，成千上万的妇女就用上了“棕榈橄榄”香皂，希望享用广告中介绍的产品优点，而全国几乎每一家药店都在提供这种产品。再次销售的效果甚至比我们的区域广告引起的效果还要好。

从广告的角度上来说，这就是“棕榈橄榄”的立身之法。现在，它每一年的销售额都有好几百万美元，“棕榈橄榄”已成为世界上最有名的浴皂之一，每年的广告投入也非常多。制造商、广告代理商、报纸杂志出版商都获得了巨大的收益，而这一切都是从 700 美元的试验开始的。

我想在这里谈的一些经验就是，从全国范围来说，人性是很相似的。因此我们的诉求能在本顿港取得成功，也就能在东西海岸间的其他地方获得同样的成功。

谁都不需要把一样东西推销两次，谁都不可能有那么大的实力同时向经销商和消费者推销。如果你卖给了消费者，经销商就会满足其需求。这个道理在今天比在过去更重要，因为无论是人员销售还是广告，其成本都比以前高得多。

迅速扩大销售量比缓慢扩大销售量利润率要高得多。如果一个人能够证明他的方案既正确又安全，那么他的首要目标就应该是迅速发展，以最快的速度达到最大生产能力。

在老百姓中获得成功的诉求往往是那些简单、易懂并能拨动百姓心弦的东西，虽然知识分子往往觉得这些玩意儿像哄孩子的把戏。“荷兰清洁剂，去除污迹”、“象牙肥皂，飘柔滑腻”、“金牌除尘套装替你干活”、“孩子为卡斯托里阿哭泣”、“让你上学的女儿永远红润如花①”——像这样的东西十有八九是会获得成功的。

我曾经听说有一个人为商业读物做广告。这些读物很有启发性，包含了大量的独特经验，每个生意人都应该读一读，可是它们却卖不出去，出版商也赚不了钱。他向我们公司的一个广告专家咨询，而我们的专家给他提的建议只不过就是让他对每个生意人宣布：“我们将用烫金把您的名字印在每一本书上。”我们可能会凭直觉认为，这种通告对一个生意人来说并不那么重要，但就是这个方法让这套书大获成功。它使这些书除了经验和道理之外，还有了特色，有了更多人情味。

有一家人寿保险公司通过信函在那些聪明人中间拉生意。一般的游说不会引起人们的注意，但是这家公司说，公司准备了一种皮革封皮的日记本，上面烫金印着顾客的名字，只要他们接受，就可以把日记本送来，只需要告诉地址就行了。同时，请告诉公司您的生日等资料，这家公司就可以由此有针对性地准备人寿保险方案了。

我相信，这种日记本只会送给那些事业型男士，也就是那些把绝大部分精力放在应付重大生意难题上的人，但是它获得的反响却是极大的。那些事业有成的人不喜欢因为得了别人的小东西，却不接受

① 原文为Complextion，是一种化妆品品牌，在英文中有润肤的意思。——译者注

别人更多的有偿服务而被别人小瞧，哪怕东西只值10美分。这就是人性。

现在让我们回到“棕榈橄榄”这个话题，“棕榈橄榄”香皂的成功使他们又进行了很多广告投资，但大多数广告都反映平淡，与绝大多数采取同样方法的广告结果一样。无论是他们还是我们，都没有魔力去做不可能做到的事情。

其中一种产品是“棕榈橄榄”洗发香波，广告中没有提出什么独特的诉求，也只不过就是一种不错的香波而已。诉求方式是“用我的牌子而不是其他的”，这样的诉求没什么意义。

日本附近的一个海岛出产一种对生发有益的油膏，在我面前有一些照片，展示日本妇女站在椅子上，让她们的长发一直垂到地上。多年来，这种油膏所有的供应合同都被法国头油制造商垄断，现在这些合同已经过期了。我劝说“棕榈橄榄”的人买断这种油膏，但成本确实很高。

我不知道“棕榈橄榄”香波的推销运作过程，但我有与其他香波生产商合作的经验，而且我知道，在洗发护发用品行业中，如果不依靠独特的诉求，就不可能取得成功。

让我从另外一个角度，也就是“棕榈橄榄”剃须膏，谈谈我的经验。很自然，凭着“棕榈橄榄”香皂的名气，人们会顺理成章地接受“棕榈橄榄”剃须膏，但是仍然有一些问题值得考虑。实际上所有剃须膏的使用者都习惯于使用某一个牌子，有可能他们中的大多数人常年都使用某些牌子，而且喜欢某些牌子。我们的问题就是要让使用者从正在使用的牌子转到“棕榈橄榄”这个牌子上来。

谁都很难宣称某种剃须膏有什么不同一般的效果，这样做没什么道理。有些最大的洗浴用品制造商已经花了多年的时间研究剃须膏，但他们从没明确地表示他们到底取得了什么成就。

我派出一些调查员访问了上百位男士。问他们最想从剃须膏中得到什么，然后我带着他们的答案去了密尔沃基——“棕榈橄榄”当时的生产基地。我把它们交给总化学师卡西迪（V. C. Cassidy），我说：“这是男人们想要的东西，他们或许也可以从其他剃须膏中得到这些东西，但怎么会还没有人告诉他们自己的产品就具有这些优点呢？把有关‘棕榈橄榄’剃须膏效果的真实数据告诉我。”

男人们想要更多的泡沫，卡西迪证明“棕榈橄榄”可以产生出250倍的泡沫；男人们想要更快的节奏，经过实验“棕榈橄榄”的化学师证明，使用这种产品胡须可以在一分钟内吸收15%的水分，胡须会像打过蜡一样，更容易刮除；男人们希望泡沫的持续时间更长，化学师证明“棕榈橄榄”剃须膏可以在脸上保持完整的泡沫状态长达10分钟。

人们都知道棕榈油和橄榄油可以做润肤剂，但我问卡西迪先生，关于剃须膏还有没有一般人不知道的什么其他东西。他说，有一个最主要的因素还没有被人们认识到，那就是为什么人们在刮胡子时不能用普通香皂。那是因为普通香皂的泡沫不够多，也不够持久。泡沫要挤在胡须缝隙间，使胡须变得坚挺，就像等待收割的小麦一样。于是，我们就这样为“棕榈橄榄”剃须膏做诉求——合乎要求的泡沫，这种诉求恰如其分。

可能其他的剃须膏也具有同样的效果，我不知道在这一行里谁能够比谁领先多少。但我们是第一个在这方面给出确切数据的，而一个确凿的数据要比任何其他滔滔不绝的说理都更有效果。

有人告诉我，“棕榈橄榄”剃须膏在进入这一领域18个月后，很快就控制了市场。如果是这样，就要归功于我们用实际的数字替代了虚无缥缈的承诺。

任何人读到这里，如果他对广告感兴趣的话，他就应该抓住我介绍的要旨。你不能仅凭着一句简单的“买我的牌子吧”就轻易闯入一个已经被别人长期占领的市场。这是一种自私的诉求，让所有人讨厌，你必须提供独特的服务，吸引人们从自己喜欢的牌子转到你的品牌上来。然而，普通的广告主并不能提供这种服务，你不能指望这一点。但是，如果你能提供别人无法提供的服务，数据又明确，你就有可能建立起很大的优势。

以马自达电灯或其他这类钨丝灯为例，如果只是说它们比碳丝电灯更亮，这种诉求不会给人留下什么印象。听到一个推销商说自己的产品比别人的好，每个人对此都已经习以为常。可是，如果你告诉他们，钨丝灯的发光效率是其他产品的三倍以上，很多人就会考虑一下了。

回头来看看所有的案例，它们背后都隐藏着人员推销的基本规律，所有广告都必须建立在这种规律之上。站在门口与一个主妇交谈，和与她在夜灯下促膝交谈有很多相通之处。同样的推销原则在哪儿都适用，而广告就是纸面上的推销。

13. 膨化谷物与桂格燕麦

我最大的成功之一来自我为“膨化小麦”（Puffed Wheat）和“爆米花”（Puffed Rice）做的广告。

克劳威尔（H. P. Crowell）先生是桂格燕麦（Quaker Oats）公司的总裁，他是我一个老伙伴的朋友。那个老伙伴劝克劳威尔先生来找我，看看我有什么可以帮他的。于是有一天，克劳威尔先生把我找到了他的办公室，对我说了类似这样的话，“我们有自己长期合作的广告公司，他们干得还不错，不过我们还有很多产品没有做过广告。如果你发现哪个产品有机会，我们愿意与你共同进行试验。我们可以花上 5 万美元或更多的费用，让你试试你的想法。”

我把他的产品系列研究了一遍，找到两个很有前途的产品，一个是“爆米花”，另一个是“小麦胚芽粉”（Wheat Berries）。那时候这种大米卖 10 美分，而小麦卖 7 美分，两种产品的销售额都在下降。生产商认为这两种产品都不能成功。

我之所以挑选了这两种产品，是因为它们都有独特的诉求点。我劝他们把“小麦胚芽粉”的名字改为“膨化小麦”，这样就可以同时为这两种“饱满”的产品做广告。我还要求他们改变产品的价格，“爆米花”卖 15 美分，“膨化小麦”卖 10 美分。这样平均每袋的卖价就增加了 1.25 美元，增加的部分正好为我们提供广告活动经费。我确信，以我们广告的效果来看，高出去的那部分价格并不会影响销量，也可以使我们有一笔钱争取新的用户。

产品发明者安德森教授（A. P. Anderson）陪着我一起去生产这种膨化谷物的工厂。我们晚上坐火车，白天待在工厂；日日夜夜，我们一直在探索各种可能的诉求点。

我弄明白了大米和小麦膨化的原理，每一个植物细胞都发生膨胀，我亲眼看到这两种谷物变成平时的 8 倍大。这可以使每一个细小的分子都变成食物。

我观察了它们的生产工艺，谷物从一种特制的“枪”里喷射出来，立刻就变大了。我因此想到了一句广告语：“枪里射出来的食品。”

这个想法引来了一片批评声。国内最大的一个食品广告主就此写了一篇文章，说在所有的笨蛋食品广告中，这无疑是最愚蠢的一个，用“枪里射出来的食品”打家庭主妇的主意，是低能儿才会有的想法。

但事实证明，这种想法真的能够吸引人，它引起了主妇们的好奇心。而我们知道，在和人打交道时，引起对方的好奇心是最有效的刺激方法之一。

膨化谷物广告活动所包含的道理值得我们深思，它使“爆米花”和“膨化小麦”成为早餐食品领域里最赚钱的产品，证明了自己是有史以来最成功的谷类广告活动。

首先，我树立起一个人物形象——安德森教授。只要有可能，我在任何地方都这么做。人物最能打动人心，这是毫无灵魂的企业做不到的。让一个人出名，你就可以让他的产品出名。我们所有人都喜欢研究别人的生活和他们的成功。

接着，我就在每条广告里登出了这些产品比普通谷物大 8 倍的照片，促使人们想亲眼看到它们。

我讲述了让谷物膨胀的原理：在每一粒中，我们制造了 1.25 亿次“汽体爆炸”——每一个细胞都来一遍，使所有的分子都容易消化。我把这种谷物产品所能提供的全部魅力和全部诉求点都集中到一起。

以前“膨化谷物”做过多年的广告，而制造商对它们的失望却与日俱增。那时它们的广告形象就和其他无数的早餐谷物食品一样，没什么特别的东西来说明它们的不同之处，或者是特别有意思的地方。新的诉求方法使它们变得独具一格，它们引起了人们的好奇心。读了这种广告的人都想看一看这些产品，而他们一旦试用过，就会成为长期顾客。

但我们也犯过许多错误，纠正过很多做法。我们在报纸广告上花了很多钱，超过了这一行业的承受能力。所有人都能接触到报纸，而这种较昂贵的食品只对部分人才有吸引力。我们通过报纸广告接触到的人中，有九成是买不起“膨化谷物”的，我们最终发现杂志广告才是我们唯一的最佳选择。

当时我们毫无针对性地散发了几百万份试用品，但这些试用品本身并没有赢来多少客户，所以我们必须首先培养出一种兴趣、一种向往才行。

于是我们停止向不感兴趣的人派发试用品，接着在上千万份杂志上刊登广告，每一份广告里有一张优惠券，可以在任何杂货店里兑换一袋“爆米花”或“膨化小麦”。人们先读到我们的故事，如果他们把优惠券剪下来，就说明他们对我们的故事感兴趣。这些人会很乐于接受赠送的食品，然后他们会在这些产品中发现自己想要的东西。

所有的试用品派发都是这样。把派发的试用品随便扔在别人门口，永远不会有回报，这种试用品会像丧家之犬一样让人瞧不上眼。只应该把试用品派给那些产生了兴趣、会通过努力去争取获得试用品的人。要为产品创造一种气氛，否则它就不会给人以持久的印象。

我们还得到了一个教训：我们刊登了上千万份广告，谁凭这个广告买了“爆米花”还可以免费得到“膨化小麦”。像其他类似做法一样，这种推销效用并不大。这样做仅仅意味着降低价格，其艰难程度就像要用全价把东西卖给那些并不打算改变自己的饮食习惯的人一样。采用这种方法的数百万广告并没有给我们带来多少新客户。

广告主总会发现，半价购买产品的优惠券并没有多大的吸引力，一个要人家花 10 美分的试用品优惠券只对很少的人有意义。记住：你是卖主，你在争取顾客。因此，你就要让试用过程对那些感兴趣的人来说显得容易一点，不要让他们为你的这种推销花钱。

从经济学上说，这一点成倍地增加了成本。每个免费试用品申请可能会花费你 25 美分，如果让顾客花 10 美分获得一份试用品，每个申请就可能会花费你 1.25 美元，甚至更多。为了获得 10 美分，你可能会损失一美元，你花了那么多的钱，可能只赢得了 1/5 的顾客。这是广告中最笨的做法之一。

我在“膨化谷物”上的成功促使桂格燕麦公司邀请我研究他们其他产品的市场方案，其中最主要的就是桂格燕麦。这次，我犯了我一生中最严重的错误之一。

我认为桂格燕麦公司控制了燕麦类食品生意的大部分市场，如果我们能够增加燕麦类食品的总消费量，我们就可以赚取其中大部分的利润。根据这样的想法，我策划了我的另一次广告活动。

我不会在这里叙述我的方法。总之，它们传播得很远，而且也很有效，几乎达到一种极限。我雇用了几百个人为我搜集数据，但我还是犯了错。几个世纪以来，吃燕麦食品一直被认为是一件重要的事，所有人都知道燕麦主食的价值，那些不吃的人只是因为有某些不能克服的问题。

我用一种全新的动人方式发动了一场教育性广告活动，可是并没有得到我想要的反应。我们发现让新顾客转变观点是一件耗资巨大的事，没有哪个新顾客会以改变他一生的饮食习惯为代价报偿我们。

很多产品也都是这样，比如说，为了争取新的牙膏消费者而去劝说人们刷牙。我推算过，争取这样一个新顾客的代价不会少于 25 美元，而牙膏制造商要花上几十年的时间才能够收回成本。

新的习惯是由广泛的教育培养起来的，主要靠作家们在免费版面上写有关的文章。我还没听说过在哪个产品上，某个广告主可以凭一己之力彻底改变人们的习惯。

如果在大规模上做不到这一点，那么在小范围内也难以做到。任何以此为目标的广告，每一行每一字都是一种浪费。没有人能在通过广告改变人们习惯的过程中赚到钱。广告主往往在习惯改变时才加入进来，告诉人们："这才是正确的方法。"

那些没有认识到这一点的广告主浪费掉了数不清的金钱。他们盯着的那些人还没有经过启发，并没有准备好接受其提供的产品。这种想法很好，也利于他人，但永远不能指望能有所回报。

后来我为桂格燕麦做的所有广告都只针对燕麦类食品的现有消费者，也不再试图去赢得新的燕麦消费者。我只是对现有的燕麦消费者讲述我们所提供的产品的优势。通过这种做法，我们在各种产品上都赢得了很好的成效。

我们最大的成功是在世界大战[①]期间取得的，那时我们所有人都必须吃肉类代用品，于是研究卡路里成了一个大热门。桂格燕麦的卡路里指标是很突出的，而每千卡的成本只相当于肉类的 1/10。通过宣传卡路里，我们使桂格燕麦的销售量翻了一番。

但我们心里一直明白，较长的烹调时间是人们食用燕麦的一个最大障碍。有一个竞争者生产出了一种可以快速烹制的燕麦产品，从我们的市场份额中夺走了很大的一块。就在这时，一位发明家带着一种燕麦半成品的设想来找我们，我们叫它"两分钟燕麦"——所需的只

① 这里是指第一次世界大战。——译者注

是加热。

我们觉得这是一个解决燕麦食品烹制问题的好办法，我们中大多数人都想不经测试就采用它，但我还是坚持要进行试验。

我们在几个城镇试着推出了“两分钟燕麦”，免费提供一包产品。接着我们写信给用户，询问他们的意见。公众的意见与我们的完全相反，这种燕麦食品的口味与他们熟悉的味道不一样。也许新顾客会觉得这个味道更好，但习惯以燕麦为主食的消费者却非常反对这种口味上的改变，而新的顾客又数量太少，不值得考虑。

这证明“两分钟燕麦”无法成功。

后来又有了新的燕麦产品，烹制时间从 3 分钟到 5 分钟，口味并不特别。因为有过“两分钟燕麦”的失败经历，管理层的大多数人都反对这个产品，但我还是劝他们做个测试，听听家庭主妇们怎么说。我们叫它“速食桂格燕麦”。

我们在一些城镇里进行了试验。付钱买下第一包让顾客品尝一下，并告诉他们，我们并不在乎他们到底是更喜欢桂格燕麦还是“速食桂格”，我们只想知道他们的偏好。这些顾客中大约 90% 的人都选中了“速食桂格”。现在，“速食桂格”的销量比桂格燕麦明显领先。

所有这些都给了我们非常重要的经验教训。**我们的成功取决于产品诉求是否能取悦于人。通过花费不高的试验，我们能够了解到自己是不是真的能做到。据此，我们可以不断调整自己的努力方向。**

“两分钟燕麦”之所以失败，在于它的独特口味并不能吸引大多数人，但是“速食桂格”却使桂格燕麦公司在燕麦食品领域又找到了一个新的立足点。以较小的代价把问题交给几千个家庭主妇，由她们去判断，这种做法总是可行的。用这种方法，任何人都可以不必冒很大的风险就准确地判断出别人想要的是什么，不想要的是什么。

这大概是广告成功的唯一办法。靠猜测，50 次中大约能猜对一次，但是通过做试验，50 次试验会 50 次告诉你应该怎么做，应该避免什么。

14. 百普素登

迄今为止，我在事业上获得的最大成功要数为“百普素登”牙膏（Pepsodent）做的广告。它的市场推广商已经与我合作了22年，我们在广告上一起赚了几百万。我去洛德暨托马斯广告公司时他很失望。他提出给我很高的薪水让我从那儿出来，并准备给我一些更好的机会。

他在亚利桑那州的图森参与了一些灌溉项目。那儿的夜晚让人感觉漫长而寂寞，于是，他把一帮注重保养的朋友招到那儿做伴儿，其中一个就是发明这种牙膏的人。

他带着这个项目来找我时，我想给他泼冷水。这是个技术性的项目，我还不知道该怎么把这种技术性很强的牙膏理论教给那些外行人。那时候，一支牙膏的价格通常是25美分，而他坚持将价格定为50美分。

他实在很有韧性，所以我最终同意接手这个广告，条件是他在一大笔股票上给我 6 个月的期权。他同意了这个条件。

我一本又一本地读书，全是牙医权威们写的理论著作，“百普素登”的广告正是建立在这种理论上的。这种阅读非常枯燥无味，但有一本书读到一半时，我发现了一条关于特殊的齿面保护层的参考资料。后来我把这种保护层称作“薄膜”，这使我有了诉求点。

我决定把这种牙膏宣传为美丽的创造者，准备好好利用一下迷雾般的“薄膜”。

一般看法认为，人们使用牙膏的目的是要让它起到保护作用，而以我的长期经验来看，保护性的手段并不一定很受欢迎。人们可以做任何事去解决麻烦，但很少防止麻烦的发生。无数的广告创意就是因为不了解这一基本人性而遭受挫折。对一般的人来说，这种保护性诉求并不能引起强烈的共鸣。

那时候，他们要我表现由于人们对牙齿的疏忽而造成的后果，这是负面的角度。但我知道，攻击性的创意很少能赢得读者，或者是改变人们的观念。谁都不想听责备性的话，他们想听的是褒奖性的：“欢笑，世界就和你一起欢笑；哭泣，只有你独自哭泣。”人们总是希望听到能够让他们欢欣鼓舞的事情。

这一点很重要，每一个广告活动都取决于它的心理作用过程，成功与失败取决于诉求方式的对错。有不少牙膏产品想吓唬人们，让他们只用某种特定的牙膏。据我所知，到现在还没有人靠这种手段成功，除非他们的产品针对的是那些已经出现的麻烦。老百姓对如何避免危险没有太多的考虑，他们最主要的希望就是获得更大的成功，更多的欢乐，更美的容颜，更多的欢迎。

我发现了这个基本原则，因而从来不利用灾难，从来不展示让人痛苦的一面。我采用的每一幅画面都只表现魅力十足的人和漂亮的牙齿。

不过这里还有很多事情要考虑，有些是我从以往的经验中已经了解到的，有些是我要再从这个行业了解的。我们在每个广告里都突出显示优惠券。我们试着发布了几百条广告，广告结果一周接一周地汇报给我，每一份报告都必须注明是关于用哪条广告标题的。这样，我慢慢地知道了哪一个标题更有吸引力，哪一个表现平平。

我了解到应该把漂亮作为最主要的诉求。大多数男人和女人都希望有吸引力，如果我能提供一种令人信服的方法，他们就会听从我的劝说，于是我开始力求诉求于漂亮。

但我还知道，如果一个人只顾表现自己的优点，常常会被别人讨厌，会受到指责，有关卫生保健产品的广告更是这样。

我劝说别人购买“百普素登”时，遇到了冷漠的反应。等我请他们给我寄 10 美分，我就送他们一份试用品时，他们干脆不理我了。所以我不得不做利他型的广告，完全免费地送他们试用品。这个广告的唯一目标就是要吸引人们为了各自的利益尝试一下，我甚至没有提到“百普素登”正在销售中。我从来不提它的价格。我表现出来的所有目的就是要看看，在我们自己的费用负担上，“百普素登”能做点什么。

这种思路带来另一种启示。在大多数像食品这样的产品中，“免费”这个字眼是很有吸引力的，它使我们的广告读者成倍地增加。提供试用品看来是一种很自然的销售方式。

但是当我们对人们谈到有关卫生保健的产品时，人们的心理就不同了。我们要公开宣称它能为人们提供很重要的好处，如果我们把它像早餐食品一样表现为一种礼物，就会降低我们的重要性。它会让我们更像只想推销东西的商人，而不像为大家谋利益的科学家。当在我们广告上注明“免费”时，我们的效果更会大打折扣。

这一差异是很难意识到的。当我们为一种点心做广告并提供免费产品时，和人性是吻合的。但当宣传点放在卫生保健上，提到能给人带来帮助的产品时，如果我们把“免费”作为诉求重点，就会削弱那些本可以为我们带来新顾客的优势。

我花了很多时间才学到了这一点，我也浪费了一些钱。好在通过优惠券，我总能很快了解每一个诉求的效果。我能在一周内明白我的错误，我从没有在任何错误的理论上浪费太多的钱，很快就能发现对错。

在“百普素登”上，我们还在创造着广告业一个最大的成功。虽然它遇到了种种阻力，但是已经开始征服整个世界。今天它在 52 个国家销售，用包括中文在内的 17 种语言做广告。无论用哪一种语言，我们的诉求都同样有效。

我们进入的是一个已被分割完毕的市场。在我们前进的道路上，我们遇到了数不清的竞争者，我们把他们全都打败了，并且在短短的几年里，使“百普素登”成为牙膏中的明星。这并不是偶然的成功。

百普素登公司是以很少的资本建立起来的，而且大部分的投资都用在办公设备和机器上。所有投资者都是老资格的广告主，他们不会在无法保证迅速收益的生意上投太多的钱。

我们实现了快速回报。在第一个试点城市，我们花了 1 000 美元，这笔钱在我们的广告费用结算之前就赚回来了，而且还有盈余。我们又在其他城市进行了试验，效果都差不多。接着，我们的后台老板们投入了一大笔钱到这个已证明确实可行的计划上。就这样，我们在一年的时间里赢得了全国范围的需求，4 年后又赢得了世界范围的需求。

回想一下这个项目，我不知道还有哪条广告能够像它这样快地取得这么大的成功。我自己准备的一个系列广告倒可以在 3 个月内打败这条广告，尽管如此，我也是一个已经在广告业干了快 30 年的人了，已经从上百个广告中学到了不少东西。

我通过优惠券的方式纠正了我的错误，而且是很快地纠正。我当机立断地调整我的策略，在我们还没有在错误的道路上走很远的时候，我就通过观察回报的方式找到走向快速和明确的成功之路。

可能会有一百个牙膏制造商踏上征程，他们已经这么做了，但多数以失败告终，仅仅因为他们看中的某种理念并不符合大众的本性，不能为大众所接受。他们没能及时汲取教训，是因为他们没有马上检验结果。于是，他们总是碰得鼻青脸肿，而这本来是可以避免的。

我在“百普素登”上赚了100万美元——这是一个我原本谢绝接手的项目。就是通过无数的试验，我了解了人们本真的心理需求。

从这个项目上我学到了什么呢？就是我们任何人都不能靠主观判断或经验做事，我们必须摸索基本规律。新的问题需要新的经验。我们必须尽可能精确地审视我们要做的事情，发现不当之处，就及时纠正它们，要注意观察每一个诉求的效果。

经历了这样的实践之后，我可以指出上百种不正确的牙膏广告方式，而且我可以证明它们为什么是错的。可是仍然会有很多人，在没吃足苦头以前，会彼此相随，一直撞到南墙，数以百计的人尝到了这种苦果。所以说，“百普素登”给了我非常好的经验，使我明白决定广告策略要靠实际数据的引导。

15. 邮购广告的一些经验

我的大多数广告客户都是按照我前面讲过的方式发展起来的，如果每一个细节都要深入阐述，就太枯燥无味了。但在我的广告生涯中，我也做过相当数量的邮购广告。从广告公司的角度来说，这并不赚钱。这种事做起来很难，很费时间，而且很少能发展到很大的规模。但它是有教育意义的，它使人浑身是劲，让人把注意力集中于成本与结果。广告创意人员从邮购广告中学到的东西，比从其他任何形式的广告中学到的都要多。

直到今天，我所有的广告创意中，只要有可能，我都会把成功的邮购广告当做我的写作范本和我的指导。这种广告形式已经经过了检验，大家都知道它能赚钱，否则它就不会一直发展到今天。它通常是众多跟踪实验的结果，所以它可以说是这一领域里最好的广告方式。

邮购广告是一门有利可图的学问，它总是用较小的字体，这是因为成千上万的试验证明，大字体太浪费了。邮购广告中的每一张图片都能帮助销售，没有一张是用来做装饰的。

找一个能赚钱的邮购广告，把它的版面放大两倍，使用更大的字体和更多的装饰或边线。你会拿到一个看上去更吸引人的广告，但是你也会使得到回应或实现销售的成本增加到原来的两倍。

我们应该承认这个事实。因为，这种经济原则在经过上百种产品成千上万次的试验之后，已经成为有实际意义的普遍法则。而且，它已经证明，在任何行业的广告中，浪费空间都是很愚蠢的，包括大的字体、线条以及无助于销售的图片。如果采用同样严格的检验手段，所有的广告都应该像邮购广告那样安排。

这是文案撰稿人和广告客户最难学习和理解的一种事实。**广告人的本能是要让广告更有吸引力。但是，你应该记住，广告不是写来娱乐的，而是用来推销产品的，而且要用尽可能低的成本进行推销。**建立在精确的成本与回报数字基础上的邮购广告，是最好的邮购广告。

有一次一位广告客户来到我们公司，他通过信函方式销售一种定价 5 美元的商品。他每份信函回复的成本是 85 美分，而每份信函产生的销售大约是 2.5 美元。这种广告慢慢变得不赚钱了，所以他想找一个办法削减销售成本。我们准备了一份广告，可是被广告主否决了，因为它看上去太不吸引人了。另一家广告公司准备了一份更大、更有诱惑力的广告，广告主采用了。可是他每份回复的成本达到了 14.2 美元，而他卖的东西每件才 5 美元。接着他又试用了我们的广告，每份回复的成本是 42 美分。于是我们保住了这个广告，而且我们每份回复的成本几年里一直保持在 42 美分左右。我们帮他节省了一半的回复成本，这种做法每年带来 25 万份回执，这对他来说是一个很大的数字。不过有很多广告主并不看成本，而只是看广告的外在表现。他们也遭受了惨重的损失，就像那个客户采用的另一家公司的广告方案一样。这就是有那么多钱被广告浪费了的原因，有的人并不知道他们付出的代价，也不愿意听从那些了解这种代价的人的意见。所以我也常常做一些邮购广告，这样可以使我感到更踏实。

有一次我接手了一份房屋装修分期付款的直邮广告。在我负责广告的时候，那个广告主的生意发展到了每年 700 万美元。邮购广告教给了我数不清的东西。我们可以通过邮购和货到付款的销售模式了解到人的许多自然本性。

第一次把东西卖给顾客并不意味着问题就了结了。寄给顾客的产品目录很贵，让顾客进入交易要花很多钱，有相当多的顾客不能像他们当初承诺的那样付钱。所以能否有利润就主要取决于能否确保你的大多数顾客是诚实可靠的。要获得更大的利润，就要让他们不断地购买，给他们寄优惠小册子，注意观察这些主顾，一旦他们付清了钱款，就要推销给他们更多东西，还要说服一个顾客去带动其他的人。

有一天我去这家公司时，注意到了隔壁有一幢新大楼。我问了一下大楼的情况，他们告诉我它属于一家采用直邮分期付款方式经销妇女服装的企业，经营方式类似于房屋装修业务。我说："为什么你们让这样一家企业在你们身边发展？为什么你们不销售他们的产品？"

这件事促使我们组建了一家类似的公司，我请他们给这个公司起了一个女性的名字。我们挑选了一位能干的中年妇女（A 太太），把她印在每一幅广告上。我们请她在广告上签名，把我们的诉求从一位妇女传给另一位妇女。

这些广告并不提分期付款，而只讲信用问题，它们最能打动那些渴望以最佳形象出现的年轻女子。它们指出衣着在一位女士的职业生涯中意味着什么，于是，A 太太主动提出帮助她们解决问题，给她们 6 个月的时间付款买春装。

这种方案是迎合性的，但不低三下四。它表达了同情和理解，最明显的意愿就是要提供服务。实际上，我们提供的东西和隔壁那家公司差不多，但态度是不一样的。我们让我们 6 个月的信用期和富婆们从商店里购买东西时能够享受 30 天的信用期具有同样的价值。

结果，我们从一开始就主导了市场，不久，隔壁的那家公司就关张了。他们冷漠的商业行为根本无法与我们创造的有人情味的商业气氛竞争，他们自吹自擂的施舍也同样无法和我们提供的“善待每个女人”的诉求相提并论。

这样一个全新的表现策略就创造出了一桩巨大的新生意，同时，它也很大地提高了我们在房屋装修上的业务量。

成千上万的妇女涌来，大多数人按照合约付了钱，由此建立起了信用。前面提到的那家房屋装修公司的老板给这些妇女写了一封信，大意是这样：“今天我遇见了 A 太太，她对我说您是她的一个顾客。她曾经以信用付款的方式向您销售产品，而您也按照事先约定的方式付清了款项。她说您是她尊贵的顾客，您无论什么时间想向她购买任何东西，都会受欢迎的。”

“我也想向您提供类似的服务，我们销售房屋装饰产品，我把我们的产品目录给您寄来。不要在乎产品目录上要求您提前付款的词句。就像 A 太太一样，我很愿意把您想要的产品送过去，不需要任何预付款。您只管订购需要的任何东西，不必先寄钱。如果您觉得这个产品让您满意的话，可以在一个月以后开始付款，您有充分的时间。”

这实在让人很难抗拒。这些妇女用信用付款的方式购买了衣服，正在担心是不是真能拿到它，她们很难相信陌生人会如此信任她们。这时，一家大型房屋装修公司的老板写信给她们，说他因为听了那个服装制造商的话，也为自己设立了一个信用户头。他们以特别条件提供信用付款商品，不需要任何预付款。任何妇女收到这种奉承性的服务都不会白白放过机会。

那位服装经销商也是这样。她写了类似的信给房屋装修商的顾客，对他们说她为他们开设了开放式的信用户头，他们可以不寄钱来就订购任何想要的服装，只需要双方认可就把衣服寄来。成千上万的房屋装饰顾客购买了女装，原因就是有一位女士非常有礼貌地给他们写了这封信。

我们在男装上也试着这么干，通过让一种产品的顾客同时也成为另一种产品的买主，我们使普通的销售带来成倍的效果。任何经营单一产品的人都不可能和这样一种联合经营竞争。

这样的做法是对广告的修正，纸面上的推销手段，其基本原则是与人员推销完全一样的。商店推出某种特价优惠吸引在场的顾客，其目的是为了推销别的东西，正确的推销就应该这样做。广告创意人员永远不应该忘记，他就是一个推销员，他卖得越多，生意就越好做。

还有一些直邮订购广告的经验能够说明另一个道理。我接了一个企业的项目，这家公司 30 年来一直以信用付款的邮购方式销售妇女儿童服装，这个领域的市场已经基本被分割完毕。它一直很赚钱，这个领域里的一些企业每年的销售额达到了好几百万美元。

所有公司都提供昂贵的产品目录。虽然有的产品只按成本价出售，但有的广告也提供优惠的价格，鼓励人们写信索取产品目录。结果是，那些写信索取产品目录的妇女很快又写信来要三四份。

于是就产生了一个问题：如何鼓励妇女们从你的产品目录而不是别人的目录中选购商品。比方说，让一位妇女写信来索取你的产品目录，这需要花上 25 美分。如果有彩色图片的话，至少需要花 35 美分。那么每一个索单会花费你 60 美分，而最终的结果要取决于每份产品目录带来的销售额。

写信给一位广告主索取产品目录的妇女，通常还会给同行业的其他三四家广告主写信。当她决定选择时，她面前有 4 本产品目录，每一个看上去都很漂亮，她会选择哪一个在很大程度上是偶然的，或仅凭她一时高兴。

每个人都应该明白这一点。你把你的目录展现给她看，代价就算是 60 美分，但如果有 4 位广告主也把他们的目录展现给她看，成本合计就是 2.4 美元，4 份目录产生的平均销售额根据经验为 10 美元。所以，如果广告主们联合起来，只需花 1/4 的钱就可以取得那个平均销售额。

而你要实现利润，就要使你的销售额高于平均销售额。正是为了解决这个问题，那些广告客户才要来找我。

我设计了这样的方法：当一位妇女写信来要我们的产品目录时，我就到我们的档案里查一下她是新顾客还是老顾客。如果她是新顾客，销售经理会给她写这样一封信："很高兴您能来找我们。欢迎加入我们的行列，我还想以更为实际的方式为您服务。附上我的名片，这样您向我们订货时，订单就会直接转给我。我想在给您送去您订购的货物的同时送去我的敬意，还有为您准备的一点小礼物。我不会告诉您那是什么，但我肯定它能让您高兴。"

他这样给老顾客写道："我很高兴又从您那里收到索取目录的信。我们生意上的所有利益都是像您这样年复一年和我们在一起的老顾客带来的。获得新顾客需要付出代价，老朋友始终和我们在一起却没有增加我们的开支。所以我想送您一个小礼物，感谢您与我们的长期合作。当您寄来订单时，请附上我的名片，这样我的同事就会把您的订单转给我。那时我会送去小礼物以表达我们的感激。"

结果怎么样呢？所有来索取产品目录的新老顾客都收到了那张名片。它并没有提到小礼物是什么，因为好奇心比描述更有诉求能力。如果她们从我们的产品目录中选购并把名片寄回来，就能收到那份礼物。所以，她会尽可能地从这本目录中订购产品。这样，每份产品目录产生的销量就会大幅度提高。

提供这样的服务必须小心谨慎，礼物不能让人失望，应该是每个女人都喜欢的某种东西。任何合理的成本只要能让每份产品目录带来成倍的销售量，那就都是微不足道的。销售量的增长也意味着广告效应的成倍增长。

所有这些问题都是靠广告人来解决的。他可以写出迷人的广告，赢得众人的喝彩。但如果他的广告不能完成推销任务，为广告主赚来利润，他就会很快被淘汰掉。他也可能以很小的代价激发起需求，但却让竞争对手把生意抢走了，这同样也没有起到应有的作用。**做生意是要赚钱的，一个人如果有助于别人赚钱，那他就有无穷的发展机会；但是如果想法很精彩，结果却赔了钱，那他就彻底完蛋了。**

上面最后一句话使我想起另一个很有启发意义的案例。在女性服饰领域里有 6 家大广告主，他们的主要目标就是要让女人们相信，他们卖的东西售价比同行们的都低，所以他们大肆强调自己的低价格。当时他们公开担保自己的价格比别人的都低，要是谁在别的地方找到更便宜的同样商品，他们就允许她退货。

接着，所有的人都唱开了高调，强调自己的东西最合算。这样，所有的人就都站在了同一个层次上。每个人都并不突出，就像什么宣传都没做过一样。

他们向我提出了一个问题，就是怎么让自己的宣传给人留下更深刻的印象。我查阅了他们的资料，发现他们往年的平均利润率还不到 3%。于是我就宣传这个利润率——3% 的利润率。我承诺我们将不超过这个指标，我们对这样的利润率感到满意，我们以此为基础确定自己的价格。

这个行业里历史最悠久的 6 家最大的邮购公司报出的利润只有 3%，人们就会认为他们的定价想必已经接近最低界限，谁也别指望还能把售价再降低多少了。于是，尽管其他人也做了保证，但他们的报价被认为是底价。

这也从另一个方面说明了数字的作用。任何许诺都是要打折扣的，如果只说“当今最低价格”，人们才不会理你，因为很多人都会这样说。但是如果你说是按 3% 的纯利润去销售的，绝大多数人会相信你。他们认为你不至于在具体的数字上撒谎，他们也知道你不敢在比较好的出版物上撒谎。

前面说过的就是我用过的一些增加邮购销售额的创意，它们对我并没有什么直接意义。从广告创意的角度说，邮购广告并不值得费那么大劲，但它却总是提醒我这样的事实：所有的广告都是建立在与邮购广告相同的规律上的。我们必须在赢利的基础上销售我们的产品，我们必须抢到别人的订单才能成功。而且，任何广告创意人员如果依靠其他理论行事，都注定会迅速失败。

16. 成功的原因

现在，为了让我的后来者能够有所受益，让我来总结一下我成功的原因。说到成功，是指我在一家优秀的广告企业的发展过程中所扮演的角色，这种角色我到现在也还在持续扮演。希望所有的广告人都能做到这些。

在广告中，我们为三方利益服务，他们相互关联而又相互区分。首先是发布广告的报纸、杂志出版商，他们按广告费总额的平均15%支付佣金给代理公司，这是对预期服务的报酬。我们可以回报他们的最好服务就是发展新的广告机会。他希望我们通过启动新项目或改进老项目的获利能力，来增加总的广告投放。

出版商们都知道，我为他们做得很好。例如，我为他们写出了我们所能见到的第一条汽车广告。我在本行业做过很多开拓性的工作，包括查尔姆斯公司、哈德森公司和大切诺基公司的第一批广告。出版商们觉得我在这种发展中起到了领导作用。第一条重要的轮胎广告是我为固特异公司的“No-Rim-Out轮胎”设计的广告，它们令人惊奇的成功向所有的轮胎制造商证明，这个行业需要广告。

在“百普素登”开始做广告之前，牙膏广告几乎可以说是悄然无声的，那次的快速成功是广告史上的奇迹。现在，每年都有好几百万的广告费投到牙膏产品上。毫无疑问，“膨化小麦”和“爆米花”对谷类产品广告有很大的影响，“棕榈橄榄”引人注目的成功带动了一大批香皂广告。

我帮杂志和报纸发展了它们的生意，而这又促使出版商们来帮助我，他们为我打开了许多很好的机会之门。就是因为他们相信，我的广告创意服务将增加他们的收入。

作为广告创意人，我们要服务的另一方是广告代理公司。广告公司的很多优秀客户都是从很小的生意发展起来的，我合作的客户几乎全属于这种类型。这些广告机会常常就像赌博一样，一个失误便可能破坏一个好计划。平庸的服务可能把一个本来有希望做大的客户变成一个小客户，这就是广告公司给优秀创意人员那么高工资的原因。

就我自己来说，我开始在洛德暨托马斯广告公司工作时，每周工资1 000美元。但我们很快达成共识，认为用佣金方式计酬比较合适，于是公司只对那些为公司赚了钱的项目付酬。从另一方面来说，我也是按劳取酬。按照这样的协议，我有一年最多拿到了18.5万美元的佣金，全部都是靠一台我自己操作的打字机赚来的。没有秘书，没有助理，而且很多是在我家附近的树林里写的。另外，我还能得到一些数目可观的分红，有些根本不用我花一分本钱，是一些我帮助过的企业给我的。

我的佣金不断增长，后来占到了我们整个公司佣金的1/3。拉斯克先生在我与他合作期间，让我自己起草合同。有时候他根本不读就在上面签字，因为他相信我会公平对待双方。不过这自然会带来另一个结果，如果有些项目别人也能做，就不会转给我，我的大多数客户都是由很小的试验性广告发展而来的。

但我不仅仅是为自己才工作的。我尽我所能培养公司里的其他文案创意人员。我和他们开过很多研讨会，讨论文案的规律，做这些事我分文不取。我还写了很多建设广告公司的原则方面的文章。

由于这些优异的表现，拉斯克先生最终任命我为洛德暨托马斯广告公司的总裁。接着，出于同样的理由，我又做了董事会主席。他去了华盛顿担任哈定总统的运输部长后，我又继续做了两年总裁。那两年让我损失了不少钱。由于我要负担其他职责，我的佣金减少了很多。作为总裁我没有工资，但还要花很多时间和新客户打交道。我每天早晨要主持公司的经理会议，帮助所有有问题的人解决问题。在那两年我没有为自己接客户——能够从中获得佣金的客户。我不希望别人说，我利用职位为自己赚钱。结果，我个人的收入严重下降。但拉斯克先生一直深知他获得的利益会比我的多，他完完全全地相信我。有一次，为了补偿我，他为我写的《科学的广告》一书开了一张 1 万美元的支票给我。

我拥有的自信心在我的广告生涯中是一个很重要的因素，这是由我的苏格兰血统造就的。有一段时间，拉斯克先生让我做他的授权委托人。一次又一次，只要我觉得他给我的东西超出了我应得的，我就会谢绝。当我的合同能使我拿到三分之一的佣金的时候，在那些我没有起到重要作用的项目上，我就不拿佣金。我和拉斯克先生的唯一分歧，就在于他总想付给我很高的报酬。

我认为这种态度是成功的一个重要因素。分配要绝对公平。一个人处在浪尖上的时候，也许在短期内能玩弄一些手腕，但不会长久。做生意就是赚钱，如果一个人想要的分红比重太高，合作伙伴们就会想办法把他赶走。

广告业的第三方是广告主自己。我把他们放在第三位，是因为他们在我的广告理念里好像应该排第三位。如果我们不为他们服务，我们也就不能为出版商或是广告公司服务。但是，出版商付给我们佣金，广告公司挑选并雇用了我们。刚刚开展业务的广告客户会在我们身上小小地投机一下，而那些把自己的业务在广告公司间转来转去的老广告主，倒并不见得非常有价值。他们没有实现他们的抱负，其中有很多失败的原因难以纠正，所以他们就经常在广告公司之间转来转去。

我认为最有价值的广告客户并不是那些带着大量资金的客户，我可以列出很多这样的客户，他们的愿望很难满足。任何一个蒸蒸日上的代理商，如果非要去做不可能做到的事情，他也会一败涂地，名声扫地。

最有价值的客户是那些带着新的广告机会来找我们的人。这种机会太多了，不过在这方面的成功一定要以代价不超过 5 000 美元的试验性广告活动为基础。广告公司在这类广告中的代理费是 750 美元。如果是一个称职的人来负责这个活动，那么设计这个试验性广告活动的成本很少会低于 2 万美元，因为这个负全责的人会花上好几个星期的时间阅读材料和进行调查。

在这方面进行冒险主要是广告代理商的事。无论结果怎样，客户一般都能收回他的投资。广告代理公司才是在真正地赌博。

在这上面的失败意味着广告主损失很少，但广告代理公司损失很多，而成功则可能意味着广告主赚取上百万的金钱，代理公司获得广告费总额 15% 的佣金。当然，前提是广告活动要符合客户的利益并能得到客户的认可。所以，我觉得自己对那些允许我做试验的客户并没有义务，我的行为是投机。

这就是我把广告主排在第三位的原因。但是广告主的成功还有赖于其他因素。我们对那些付给我们佣金的出版商负有责任，同时对那些给我们机会的广告公司也负有责任。我们对广告主的责任是最小的，然而所有的事都要取决于他的态度。

广告的成功取决于这三个要素。三方的利益都必须得到满足，而它们都在强调要有利润。要让他们全都满意，唯一的方法是好好设计你接手的业务，让它为大家带来利润。

我把自己全都奉献给了广告主。借助他们的成功，我必然也能实现自己和另外一些人的成功。至于其他的，我就都不在意了。在广告上受过重创的广告客户往往会成为广告的反对者。我知道，在很多案例上，失败是不可避免的。所以，如果我们没有把握赚钱，我从来不会过多地插手客户的事情。如果他失败了，问题在于产品或环境因素，而不是因为广告。他的损失并不大，甚至可以说没有损失。而他一旦成功了，赢得的可能就是几百万美元。

我怎么能在这种情况下取得这么多巨大的成功？这是因为我在很多小地方犯过错误，但从每个错误里都学到了一些东西。同样的错误我绝不会犯两遍。每隔一段时间，我就要总结出一些重要的广告规律，只有它们才是长久的。

这个过程让我花了很多时间，因为我起步的时候也正是广告业的萌芽期。在这些最初的经历中，我比别人奉献了更多的时间、做出了更多的牺牲，我不能让我的子孙再这样奉献。这就是这本自传的目的，也就是帮助别人站在我的肩膀上开创他们自己的事业。

拉斯克先生是一个很聪明的人，他总是把我的成功归因于我生活在普通人中间。他总是希望我在写下这段经历的这片树林中继续工作，而我已经在此这样做了20年。在这里，我的大部分谈话对象就是我的园丁、他们的家人以及邻近的乡民们。我了解他们想购买什么以及购买的原因，这些原因会让许多只从他们的高尔夫俱乐部的球友那里听到一些意见的人大为吃惊。

人们购买东西很少考虑经济因素。我们听到那些收入很多的人吹嘘自己的勤俭，他们并不为此感到难为情。但是在很多必须精打细算的情况下，大多数人却对此有一定的抗拒心理。当丝织服装每件卖15美元时，其他阶层的人往往会去买细布服装，而劳工阶层中拥有丝织服装的人却变得很常见。所有的售货员小姐都会想要丝织衣服。我做化妆品广告的经验证明，香水这类低价格的产品，对那些本应该过紧日子的姑娘来说并没什么意义，她想要的是那些“上等人”用的奢侈品。

我周围的很多人，虽然收入很低，但对价格的考虑却比我少得多。有一个为我们洗衣服的女人，每天开着她自己的车来工作。她有一种对古董的狂热爱好，并且真的买到过许多有价值的古董，如果她愿意卖掉的话，我们倒乐意从她那里买上几件。

我所知道的最骄傲的人是生活在我们乡下的那些人。如果你劝他们做一件事，说这个价格很合算，你会遭到他们的反对，因为你这样说会伤害他们的自尊心。但是如果你的诉求并不针对价格，他们也许会考虑考虑。

这只是我从中学到的一些东西。我们接触大众可以学到很多东西，而大众占了我们顾客群人数的95%，美国是个平等的国度。

我策划的每一次广告活动都着眼于这个巨大群体中的某些个体成员。我并不向经理们或董事们咨询，因为他们的观点几乎总是有偏颇。我把我的问题交给我周围的普通人，他们才能代表美国人，他们是我们的顾客，他们的反应才是唯一要考虑的因素。

当然还有另一个广告领域，都是些能人在干，他们的代表作就是把收入低的人完全排除在外的凯迪拉克轿车广告，但这些广告在广告领域中都只算很小的一块。我确信我的诉求符合“普通人”的要求，切合他们所购买的产品的特点。

17. 科学的广告

因为我写过的一本书，我的名字便与“科学的广告”紧密地联系到了一起。所谓“科学的广告”就是说，广告是建立在固定的原则基础上的，是根据基本规律进行运作的。我通过36年来对广告的跟踪研究，通过对几百种不同产品的广告活动的运作，通过对几千条广告文案的诉求回报的分析比较，真正掌握了这些规律。从我第一次发出上千封信函到客户每年拿出500万美元买我的广告文案，无论何时，我都不得不面对投入与产出这个问题，于是我很自然地证明了很多根本性的东西，这些东西应该经常应用到实践中去。

我很看不上大多数的广告理论，因为它们是未经证实的，是建立在有限的经验和特例之上的。有些产品看起来似乎是借助广告取得了成功，而每一次对收益的跟踪分析都证明实际情况并非如此，它们成功的原因和广告没有多大关系，也许不需要做广告它们也能够成功。有些产品虽然从未做过广告，但由于人们很快从中发现了自己的某种需求，或是因为经销商们用某种方法“包装”了它们，或是因为它们的产品名字本身就表达了某种诉求，它们就取得了很大的成功。

“麦乳”（Cream of Wheat）就是一个例子，这个名字本身就说明了一些东西，“绿薄荷口香糖”（Spearmint Gum）也是如此。所有成功的口香糖之所以成功都是因为名字起得好，它们几乎不必再用广告说什么。它们相互之间没有太大的区别，某种产品用这个名字成功了，换别的名字却可能会一次又一次地失败。

从这种经历中得来的任何结论都必然会让人走入歧途，应用这种结论获得成功的案例很少。只有那些能够合情合理地解释广告是怎么一回事的人，以及那些对各种产品的诉求回报和几千条文案进行了分析比较的人，才能提炼出可靠的广告原则。邮购广告提供了最明确的基础，大多数广告都可以在它的原则指导下运作。

要采用科学的广告，你必须认识到广告就是推销员，你必须从推销员的角度，一个一个地比较广告，并将它们的成本和结果联系起来。盲目做广告不仅不会教给你任何东西，还会常常让你碰壁。

我在这本书中还介绍了一些我们用来跟踪广告效果的方法。但我们发现，在一些产品上能够取得成功的方法并不一定适用于其他产品，有些很赚钱的方法用在其他地方，效果还不及原来的1/4。所以，如果不考虑规律，我们就必须永远亲自去实践。但是有很多基本法则是成熟的，是那些深知后果的人普遍接受的，所有有见识的人都会承认它们，都会普遍应用它们。在这一章里，我只想谈谈这些规律。

再漂亮的文案创意也不应在广告里喧宾夺主。怪异的风格会分散人们对主题的注意。任何明显的销售意图都会造成相应的抵触，很强的说服力反而让人担心自己失去主见。**强调任何品质和服务之外的东西都是致命的。**

人必须朴实单纯，语言不能太标新立异。要吸引顾客，就像要吸引鱼上钩一样，不能露出自己的鱼钩来。

永远不要夸耀自己。你是在推销你的产品，不是在推销你自己。

不要湮没你的目标，使用尽可能短的文字，让每个词句都充满诚意。

自始至终都提供服务。这才是你所要销售的，也是你的潜在顾客们所想要的。在此基础上衡量你的每一句话。不要浪费版面，不要在别的方面花钱。我见过很多广告仅仅是因为某个词句糟糕就被“枪毙”了。通常，自私的词句、那种让人觉得你别有用心的词句，都让人比较反感。像“坚持用这个牌子”、“谨防假冒”、“小心假冒”这类话都不会有什么好效果，它们表现了一种顾客难以认同的动机。

要彻底忘我。在你心里要有一个典型的潜在顾客，他还要有足够的兴趣愿意读你的产品广告。把这个顾客抓住。找寻每一个词语增强产品给人的好印象。只说那些你认为一个好的推销员应该说的话，就好像那个潜在顾客站在你面前一样。如果你在面对面的时候可以把产品推销给他，通过印刷广告你也可以推销给他。

不要炫耀。不要夸耀你的厂房或你的产量，不要夸耀你感兴趣而你的潜在顾客未必感兴趣的东西。吹牛让人讨厌。

着眼于引起行动。你的读者是在读一本杂志或一张报纸。她可能会因为你的主题或标题吸引她而停顿下来，可是过一会儿她又会把兴趣转到她的阅读上，而且通常会忘了你。你要用某种方法制造高潮，刺激那些感兴趣的人立刻采取行动。优惠券是常用的方法，人们会把它剪下来。他们不会总把杂志或报纸放在身边，但他们会把优惠券剪下来，提醒自己要做某件事。女人也许会把它放在桌上，男人也许会把它放入衣兜。然后在方便的时候，它就会让人采取行动。人们会把它寄来换一份试用品或索取更多的资料，于是你就有了发展这种兴趣的机会。

无数的试验证明，优惠券会让顾客的反应成倍地增加。我看过很多邮购公司做的试验，在他们的产品目录或广告中，有些有优惠券，有些没有，回报的效果会大不相同。

人有惰性，他们总是能拖就拖，然后就把优惠券忘得一干二净。就是因为如此，很多广告主丢掉了眼看着快到手的顾客。谁也承受不了这样的损失。

也有别的办法促使顾客采取行动，我们看到的“星期销售”就属此类。零售商在特定的日子或钟点进行特殊的供货，或对某一种货的数量进行限制。诱导人们立即采取行动，避免拖延，这永远是一个重要的因素。

广告不能太奢侈，也不能过于幽默。花钱一般来说是严肃的事情，这种说法适用于除娱乐性广告外的所有其他广告形式。金钱体现着生活和工作的质量，它受到极大的重视。对大多数人来说，在某一方面花钱就意味着在另一个方面要省钱。所以，花钱总有正经的目的。人们希望得到全部价值，他们希望以同样的数目，买到更有价值的东西。

这个问题不可忽视，任何一个真正了解普通人的广告创意人员都不会对此掉以轻心。钱来之不易，而且花钱要做出牺牲。没有多少人钱多得花不完，普通人经常要“货比三家”。以不严肃的方式对待金钱，你就永远不会得到它。“快活吉姆”（Sunny Jim）就证明了这一点，“纯洁小城”（Spotless Town）也是如此，还有很多被人遗忘的产品更是如此。没有人可以拿出以豪华奢侈为诉求取得持久成功的广告例子来。人们不会从小丑那里购买东西。

不要追求喜剧效果，这不是做广告的目的，人们从阅读专栏里就能得到娱乐。你在盈利的前提下能为别人提供的唯一利益，就是他们需要的东西。

不要试图与文学版面或新闻版面竞争，不要与图片或漫画竞争。你可能会引来注意，但不是有价值的注意。你用这种方式吸引来的大多数人对你的主题并不感兴趣。

广告版面和阅读版面的目的彼此不同，你不能用模仿的方式愚弄大家。如果一条广告吸引了一个读者，可是这个读者却对他的主题一点不感兴趣，这对广告主又有什么用呢？任何一个值得做广告的产品，如果表现得当，都会比一般的故事更有意思。它意味着精打细算、帮助或愉悦——也许这要好多年才能实现。为什么要牺牲更重要的诉求和更好的效果，去获得一时的肤浅之见呢?

广告意味着面向几百万人进行推销，由于它的广泛性，所以它非常昂贵。全国性广告，平均每个词的成本至少是 10 美元。每个人都要认识到这一点，让每个字都充分发挥作用，删去每个不值 10 美元的字，绝不重复。不要很生硬地去这样做，但一定要做。

一个浪费时间、总是说些没用的话还老是重复的推销员每小时的收费可能是 1 美元，但是一条广告如果也这么做的话，它每个词就会浪费 10 美元，这种浪费是很严重的。广告的盈利或赔钱之间的差别通常是不大的。如果很容易成功，这个行业就会挤得一塌糊涂。大多数成功是通过效率取得的，而大多数失败是由浪费造成的。

任何时候都不要浪费版面，它的代价太高了。记住，我们一般的阅读版面都使用 8 号字体。大多数邮购广告由于想表现一些比普通读物更有意思的内容，会使用 6 号字体。很多广告主不顾这种事实，用很大的字体讲述自己的内容，我不知道道理何在。最容易阅读的字体当然是普通的字体，任何特殊表现都会让我们感到难以接受。

广告主们总是在努力引起别人的注意，他们拼命去强求，而不是去吸引。采用大号字体就是他们的一种手段。如果有谁注意观察结果，他很快就会发现太大的字体并不会有什么效果，它会让你本来需要的版面成倍增大，你的成本也会成倍增加。所有的邮购广告和所有其他可以跟踪过程的广告形式，都证明了这一点。如果你的内容是有趣的，人们自然会乐于以他们熟悉的字体阅读它。如果它没有意思，多大的字体他们也不会读它，就算他们读的话，对你也没有什么好处。

同样，有些人全部用英文大写字母书写他们的标题、口号，他们认为这样更醒目。但是我们平常读的东西，都是有大写、有小写的，我们习惯于这种方式。如果我们碰上了全是大写的句子，我们还要费力去分辨它。这也许不是很严重的障碍，但总是有害的。那么，为什么不按普通、自然的做法去做呢？

接下来这些原则与广告中的艺术表现有关。人们趋向于使用图片。这种趋势在增长，已经到了很多广告客户要花 1 500 ~ 4 000 美元来买一幅图片的地步。

在我所知的所有试验性广告中，还没哪个能够证明这种花费能带来利润。我也不知道有这样的研究，能够证明哪一次用彩色图片比用黑白图片的回报更多。人们越来越多地使用它们，但是并不做跟踪调查。

我也明白，对于某些产品（比如说水果或点心），彩色图片或许更能获得回报。但是我至今还不知道有哪个跟踪调查显示，这笔额外花费确实有所值，而我自己已经做过很多次比较了。有一次一家著名的广告杂志要求大家证明彩色广告更有效，但我还没注意到有哪个确凿的证据能证实这一点。

这个问题需要有更多的实践才能解答。特别精美的艺术墨稿和彩色的墨稿还没有证明自己的优势，即使它们在特定的领域里能做到这一点，我也怀疑这种做法是否能适用于所有的情况。

这种刺激与推销没有什么关系。人们不会对一个推销员的衣着太在意，我们把打扮花哨视为一种毛病，纸面上的推销其实也是如此。我从没有看到哪个精致的表现手法能够以超额销售来补偿它的支出，我也不知道有谁看到过这样的事。我的观点是，精美的艺术作品，就像精巧的语言一样，只会让顾客提高警惕。

从经验中得到的另一个原则是，广告应该讲述完整的故事。人们并不会留意系列广告，某个广告主也许今天可以吸引他们，但未必连续几个月都能这样。所以，如果你能抓住一个读者，就要把你所有想说的都表现出来。如果在某次广告活动中，我们看到一些能够打动人心的事实，那我们就要保留它们，哪些因素无法打动人心，就舍弃它们。我们通过不同的标题做不同的宣传，这样就可以做出判断。我们看到有一个标题引起了更多的兴趣，而另外的却差一点，甚至引不起兴趣，那么我们就可以依此调整我们的诉求。

有人因为这种原因而购买，有人是因为另外的原因而购买，但是每一条广告都应该加以表现所有那些能够证明自身重要性的诉求要素。否则，我们难以让那些有兴趣的读者注意到我们大多数让人信服的论点。

我们不能寄希望于读者一遍又一遍地阅读我们的广告。我们的主题吸引他们，他们就给我们一点注意。所以，是说服他们，还是让他们永远失去对我们的兴趣，完全取决于我们。如果我们不能用一种诱人的方式表达出他们想要的某种东西，他们就不会再读我们的其他广告了。

我们不应该放走机会，每一条广告都应包含所有我们找到的那些对任意一个目标阶层都具有说服力的诉求要素。

诉求方法会有不同，有些能让人印象深刻，有些则不行。说过头的话没有用，说某个东西是“世界上最好的”不会让人产生印象，这是意料之中的说法。读者也许不会责怪我们夸大其词，但我们很难再让他看重我们。他会很自然地把我们所说的其他话全都视为微不足道的。

当我们说“当今最好的产品”、“同类产品中的超级之作”，别人可能只会对我们的虚张声势一笑了之，可能不会有人感到愤怒，但我们所说的一切都会被打一个折扣。

人们历来被灌输这样的信念，认为广告必须说真话。他们知道我们不会在好媒体上故意误导他们，但他们也不会觉得夸大其词是误导，因为它们本来就不是。

从另一方面来说，如果你引用确切的数字、确定的事实，他们会全盘接受你的说法。这些确切的说明要么是真的，要么是假的，在大家的信念中，有声望的人或企业不会撒谎。

给出确切的数字，说明确定的事实。以钨丝灯为例，如果说它比其他的灯更亮，人们只不过会有一点印象，但说它的亮度是碳丝灯的

3.3 倍多，人们就会觉得你确实做过专业比较，他们便会对你的诉求照单全收。

所有的事都是这样，模糊不清的说法会造成不确定的印象，而且大多数这样的说法都达不到什么效果。但准确的说法可以得到完全的认同，读者自会从中判断出你的真伪，而他们很少会做证伪的事情。

不要做负面的广告。只表现吸引人的一面，而不要表现讨厌的一面。不要表现或是强调病痛，你所诉求的人群已经受够了这些病痛。要说明和表现你的产品或手段所能带来的快乐。

人们总是追求快乐、安全、漂亮和满足，那么就让他们看到怎样获得这些东西。展示快乐的人群，而不是不幸的人们。告诉他们从正确的方法中可以得到什么，而不是做错了会有什么后果。比如说，没有哪个牙膏制造商会靠表现大黄牙、烂牙或牙龈发炎给人留下好印象。成功是靠表现吸引人的一面获得的。

所有广告的经验证明，人们很少采取措施来预防麻烦，他们是不会未雨绸缪的。他们会为解决当前的问题做任何事，但是正常的广告在这里没有什么用武之地。所有人都在寻求出色的、提高和满足欲望的新方法，他们不想陷入灾难。在大多数行业里，那些解决麻烦的人所占的比例并不大，不值一提。

广告业务中有很多代价太高、不值得尝试的业务，我们应该避免这些业务，否则会得心脏病的，例如某种药膏、杀菌剂、治哮喘病或干草热的药、治风湿病的医疗器械等。

对一些上述产品来说，我们的诉求对象只能是一小部分人。要通过发行量很大很广的媒介接触到这些人，代价会太高，这种代价多少年也补不回来。而在另一些产品上，保有顾客的开支要在很多年后才能逐步收回来，重复销售实在是可望而不可即的。

我知道很多产品是每个家庭必备的，你可以向大多数家庭推销这些产品。但是，有些东西购买一次可以用好几个月，有时甚至是好几年，你第一次销售带来的利润远远少于你要长期保持这个顾客所必须的开支，进一步的销售和利润是以后很远的事。早在销售的巨轮转动之前，广告主和广告人就会感到受挫。

世界上到处都是这种东西，只能面向 1% 的人、只有在你耗尽了所有金钱和耐心之后才会有重复购买的东西。我看见过很多很有能力的人因为接受了这样的业务而遭受挫折。

另一件要弄得清清楚楚的事情是，什么样的标题才能做最好的诉求。一次又一次，我仅仅是对标题做了一些小改动就让广告效果提高了 8 ~ 10 倍。

标题是用来向你想传达信息的人打招呼的。就像在旅馆里一个门童呼唤约翰先生，告诉他有他的一条留言，或者说像新闻报道的标题告诉人们这条新闻要谈什么一样。我们所有的人都是依靠标题找出我们想要读的东西的。

考虑一下普通读者，他面前有很多东西，他有时间细读的可能性只有百分之一，他只好通过标题加以选择。广告也是这样。

我们必须找出什么样的诉求给人的印象最深刻。我们可以通过针对性试验、标题比较的方法得到结论。我们会发现，某类标题能够向 25% 的潜在顾客传达我们的意思，而另一类则可能是 50%。我们必须根据这些结果来使用它们。

任何其他手段都可能导致巨大的浪费。人们很快就可以发现自己所用的方法是否合理，是否能产生影响。在任何行业里，好广告的差别都不是很大。它们必须完整，而完整就意味着相似。它们之间最大的区别就在于标题。这条标题可能吸引特定的一部分人，另一条则可能吸引 10 倍于它的人。如果想使你的广告打动那些足以给你带来利润的人群，你就要判明这一点。

有的人用奉承对方的方式表现主题，另一些人则用居高临下的方式。有的人把承诺建立在个人利益上，另一些人则把诉求建立在服务上。有的人只想推销，另一些人则努力让大家欢乐。所有这些都会改变人们的心态，而这种心态的改变将决定人们怎么做。

不过，心理上的影响还不只于此，它涉及尊严与个性。我们必须知道怎样针对人的这些欲望进行诉求。这些事是很难学来的，它们来自善良的本质，来自爱心和理解，来自愉悦他人、服务他人的意愿。一个不能与他人相处的人是不可能教得出来的。

我所知道的、最能让人学到东西的方式是挨家挨户地上门推销，很多伟大的广告创意人员把自己的一半时间花在了这上面。他们通过与人的亲身接触，了解什么能够赢得人心，什么让人讨厌。然后他们把自己的发现应用在纸面诉求上。

所有这些因素都要加以考虑，它们构成了广告的基础。让我们想象一下假如这些因素不重要的情况。假如任何一个能写流畅信件的人都能写流畅的广告，假如平平常常的创作表现——无论其对象是谁、主题如何——都能让产品卖个好价钱，那么广告创作这个行业里就不会有那些胸怀大志的人的容身之地了。

但这种情况是不会出现的，这个行业存在着激烈的竞争，每个广告都被无数的诉求包围着。每一分努力都涉及很多开支。只有靠出色的科学的广告意识和科学的战略，一个人才能在这个行业中生存下去并获得成功。他必须比他的竞争对手知道得更多，有更扎实的基础，更精明。要达到这一点，唯一的办法是从已被几十年经验所证明了的基本规律起步，并且在这一点上绝不动摇。

18. 我的重大失误

在我通过信函销售吸尘器初获成功那年，圣诞节的前一天，公司老板比斯尔先生把我叫到他的办公室。他说："我想给你一些建议，你具备很多获得成功的素质，包括推销天赋。你实在太出色了，为我工作有点可惜。你应该开创你自己的事业，就像我以前那样。"

他给我讲了他的一些经历。他如何拒绝了所有的高薪职位，抛弃了所有的安全保障，独自奋斗，他是如何在通往财富的道路上一步一个脚印地走过来的。

最后他说："如果考虑我自己的利益，我希望你留在这儿。如果你留下，明年你的工资会有大幅度提高。但我应该公平一点，建议你不要留下，不要让别人把你凭辛苦工作和才华赢得的主要利润分走。"

我的苏格兰保守个性使我留了下来，这是我的一个巨大失误。过了不久我就结婚了，再让我自己冒任何风险都变得越来越困难。就这样，我把自己的一生绑在了一辈子为别人打工的这条船上。

我看到我的一些同事开始自己创业，很多都是在我指导他们所做过的领域里。弗里德·马西（Fred Macey）开始通过直邮销售家具。在几个月内他就设立了一个 90 人的办事处，处理他日益发展的业务。接着他创办了弗里德·马西公司，一直做到今天。萧（Shaw）从修建办公系统起家，接着创建了《系统》(System）杂志，取得了巨大的成功。我的室友，斯塔福德（Stafford）离职去生产学校用家具，建立了斯塔福德公司。一直到现在我都认为，我有和他们完全一样的素质，除了勇气之外。我为别人做的事比他们为自己做的事要大得多，但我还是羡慕他们的独立性，我花了 30 年时间才做到这一步。

我帮很多人获得财富，爬上高位。在很多情况下——可以说在绝大多数情况下，他们起步时实际上并没有钱，广告必须自己杀出血路。这是做生意的一个重要因素，而且往往是通往成功的唯一因素。这一点在很多邮购产品上都可以得到证实，在许多其他领域里也是如此。生产一种早餐食品、牙膏、药品、肥皂或洗涤剂并不太困难，大多数刚起步的广告主都雇用别人来生产。推销人员可以帮忙，但作用并不大，所以他们一般不会聘请。几乎所有的产品和生意都要靠广告打开局面。

我已经讲过这类产品是怎样在初始阶段、规模并不大时通过广告预测市场前景的。广告人做了 9/10 的工作，而商标持有人的风险很小，甚至没有。如果试验失败，广告人损失最惨重，他浪费了自己的时间和才华；如果试验成功了，广告人只从广告费中获得一部分佣金，利润是别人的。由于广告经常不注明创作者，所以广告人有时甚至得不到完稿的知识产权。

生意发展时，客户的财产和声望也随之发展，而广告人却随之变得越来越不重要。这家企业已经获得了一种动能，就算是平庸的广告也能让它往上走，而在刚开始，平庸的广告根本不可能助其成功。

广告人会对自己认定的方法固执己见，他们害怕做变动。事实上，做变动也确实不太聪明。赢得新顾客的最好方法就是原先用来赢得几百万人的方法。但对那些读了每一条广告的人来说，这些广告实在是单调无味，他们总想要些新东西。所以，一个手中握有大客户的广告人也很有可能失去这个客户，这是早晚的事。广告公司要想保持它的规模和利润，必须不断开发新的业务。

我慢慢地开始专注于药品和食品，也就是那些人们要不断购买的产品。它们为广告提供了巨大的机会，而一次性销售的产品没有这么大的诱惑力。广告人的最大利益来自那些几乎家家必备的产品，因为那些产品必须不断做广告。以食品为例，妈妈们会教她们的孩子如何食用它们，而孩子们也永远不会对此失去兴趣。

但是这些产品必须逐步完善，这个过程通常很慢。广告人在其中承担着大部分的工作和责任，但如果他为别人工作，即使像我这样做了 35 年，也得不到合理的利润分成。而且就其工作性质来说，广告人很少能成为永久性的关键人物。

我经常计算，要是我能把挣到的佣金投资到我扶植起来的那些企业的股票上，我能赚多少钱。可以达到好几百万。我没有这样做的真正原因是我对自己从来都没有足够的信心，但我还是装作不在乎金钱。我的创意工作是一种更高境界的工作，因此，多年来我看着别人赚大钱，而我自己仅赢得一些薄名。

是我那个雄心勃勃的妻子使我从那种得过且过的状态中觉醒起来。她有一些欲望，而要实现这些欲望，金钱比名声的作用更大。她向我指出，那些雇用我的人如何在钱上占我的便宜。

最终我考虑了她的想法，并终于在为别人效力多年之后，开始为我自己工作。比起过去靠佣金挣钱，现在通过分享我的创意带来的利润，我挣到的已经比以前多了很多。

我最早的投资是投在“百普素登”牙膏上，我花了 1.3 万美元入股，它给我带来了大约 20 万美元的分红，后来我把我的股份卖了 50 万美元。

那时我已经到了大多数人想退休的年龄，我决定去做在我 21 岁时比斯尔先生建议我做的事。我要为自己工作，创建我自己的企业，与它共存亡。

我脑子里有很多想法，我创办的第一个生意是做化妆品。我研究了那个行业的统计数据，发现妇女们每年要在化妆品上花 7 亿美元——比她们花在其他所有做广告的产品上的总钱数还要多。我准备做一种化妆品，但我还没有找到理论依据。这个行业已经人满为患，著名的化妆品经销商们已在他们的货架上摆上了几千种产品，还有很多新的制造商每周都在招徕生意，排着队求经销商们经营自己的产品。没有哪种产品独霸天下，如果某位妇女打算改换某种品牌，商店的导购员准保会向她推销其他的品牌。

我派人到巴黎和维也纳去找一些独特的产品，但是他们什么也没有找到，所以我决定放弃这一行。

就在那个时候，埃德娜·华莱士·霍柏（Edna Wallace Hopper）正在芝加哥演出。有一天早上，曼德尔兄弟商店（Mandel Brothers）在报纸上宣布，当天下午她会亲自到他们设在四层的美容商店去。我派去了一个密探，她看到那一层楼挤满了人，同一层楼的其他商店也不得不让出自己的地盘，来容纳那些像潮水般涌来一睹霍柏小姐芳容的女士们。

埃德娜·华莱士·霍柏已经到了做奶奶的年纪。很多年纪稍大的女性曾经在她花容月貌的时代见过她，那已经是 19 世纪 90 年代的事了。然而，她的头发、她的身材、她少女般的肌肤，使她现在看上去还像个 19 岁的姑娘。每个妇女自然都急于知道她保持年轻和美貌的秘诀。

曼德尔的经理建议她来找我，他说："你应该把你的名声当做资本，你应该把你的做法教给别的妇女。"

第二天，埃德娜·华莱士·霍柏找到了我。她随身带来了无数关于她的各种报道，还有她自己写的如何保持青春的文章。

那一天我找到了我的理论依据。现在我手中有了这么个女人，一个在美国被人谈论最多的女人，一个在35年前就让自己成为著名美人的女人，一个使自己的美貌一直保持到了做奶奶的年纪的女人，还有她找遍了全世界获得的美容良方。

我和她签订了协议，她让我使用她的美容配方，她的名字，还有她的影响力。我为其他女性生产这些产品，和她使用的完全一样。她为了取得这些配方曾经花了好多钱，说到美容可以给生活带来些什么，她是一个最突出的活生生的例子。依靠那些产品，我们建立起了一家很大的化妆品企业。

我们从不使用推销员，从不请求经销商订购我们的产品。我们努力去争取消费者，努力使妇女们重视霍柏小姐找到的秘方，然后我们让这些妇女督促经销商订购我们的产品供她们购买。

有很多生产商在一开始时就想让自己的产品销售翻几番。他们想把产品推销给批发商，而批发商现在要求的折扣大约为20%，可他们除了填写我们带来的订货单以外，什么都做不了。这些批发商还向我们诉苦，说在经营上花费了多少多少，而实际上这种开支主要是他为了从竞争对手那里抢走生意造成的，他想要我们也为此掏一笔钱。其实经销商们从谁那里进货跟我们一点关系都没有。所以，批发商的推销员什么都不能替我们做。

零售商们也想从每个新来的投资者那里赚到最大的利润。派人去找零售商，他肯定会要求一些优惠，比如他每买10件产品我们奉送他一件，或诸如此类的额外收益。

一旦做这样的让步便会后患无穷。你所有的成功都取决于消费者，如果消费者被你的产品迷住，需要你的产品，经销商自然就想拿到这种产品。如果经销商有此需求，批发商就愿意供应你的产品。

广告上的很多失误是由于没完没了地推销产品造成的。你最初推销给渠道承包商，而他们要求比例很高的分成，然后又努力向零售商推销，他们则要求免费赠品和额外利润。可所有的结果实际还是取决于消费者。批发商的所有需求，零售商的所有需求，都取决于你对消费者的影响。

永远不要忘记这一点，渠道承包商和零售商有他们自己的品牌，你手中的产品对他们的买卖没有直接的影响，他们不会包销你的所有产品。如果他们能够影响销售，他们自己的产品早就可以多卖出去4倍了。

这个事实表明了广告运作中最可怜的一面。广告主花钱争取顾客，然后又要花钱请推销员把产品推销给渠道承包商和零售商。他做出让步，给一些优惠，就是为了让他们供应自己创造出的需求。结果，他自己剩不下什么东西，而且还要支付所有的开支。

按这种方式谁也不可能赚钱，这就像一个人背着超额的日常开支做生意一样。他承担支出、风险和一切努力，而他的利润却被吞食掉了。

今天，埃德娜·华莱士·霍柏系列已发展出23种产品，每一种的配方都是霍柏小姐发明的。一个女人尝试过其中一种之后，还会想再尝试其他的。采用霍柏小姐的某一种产品就意味着会采用她的整个系列。我们这个系列产品的平均售价是1.78美元，我们可以比较一下，牙膏的售价是50美分一支，剃须膏是35美分，肥皂是10美分。我们通过广告带来的每一单件产品的销售利润永远抵偿不了成本，但是卖出去一样产品就可以带动销售其他产品。很多产品都是这样，总的利润来自附属产品。

这是我在这个新领域里创建的很多企业中的一个。有些企业可能会失败，但失败对我们来说代价并不大。要是我跟别人合作失败了，他便会遭受同样的损失。要是成功了，我们就可以赚几百万。

所以，这就是我的未来。我不再为一时的佣金而把自己局限于为别人创建事业，我开始为我自己开创事业，而这些事业看来也挺有希望。过去，有很多生意在我的指导下发展起来。现在，只要有一项自己的事业也能够这样成长起来，那我所收获的就肯定比过去搞创意策划得到的更多。

但我清楚地知道，这不是我对大部分人要做的建议，一般的人应该在别人指导下工作。成功取决于很多素质，一般人虽然可能具备一些素质，但不会很多。我现在的生意是在经过几十年与人合作之后才开始的。

希望那些头脑清醒的人能从我的经历中得到启示，找准方向。我已经努力指出了在广告业中获取成功的唯一方法。不同的方法导致不同的事业发展方向，让每一个人自己决定什么是最好的吧。

19. 一些个人情况

既然这本书是对我个人成功道路上的奋斗过程的一个记录，也是对别人的一种激励，也许有必要对我的个人生活、我的癖性、习惯和追求做一些交代，因为它们与我获得的成功是密切相关的。

我一向沉醉于工作，我就像其他人喜欢玩一样喜欢工作。这既是我的职业，又是我的休养。我还是孩子的时候，就不得不在放学后打工，自食其力，这种生活压力使我远离了游乐。长大成人后，我愿意学习各种我能学到的推销技巧，这又使我避免了浪费时间。我学会的唯一游戏就是做生意，对我来说，这是全身心的投入。我从来没玩过棒球、高尔夫球或网球。我妈妈信奉的苏格兰长老会教义禁止跳舞、玩扑克牌和逛戏园子，后来我也没有学会享受这些东西。汽车刚面市不久，我就有了自己的汽车，但我很少自己开车。

值得自豪的是，我一直在教导孩子和大人要热爱工作。我有很长一段时间一直参与一个协会的活动，这个协会收容那些来自未成年人法庭的少年犯，把他们送到农场去工作。通过这种方法，这个协会拯救了上百个孩子。我从乡下的家里去芝加哥，早上 6 点钟就到达那里。有好几年，我直接赶往格兰德公园，那里有好多流浪汉，他们晚上就盖着报纸睡觉。我会花一个小时或更多的时间去培养他们对工作的兴趣。我是美国志愿者组织的一个督导，我对监狱工作特别感兴趣。我曾经陪着莫德·巴灵顿·布思（Maud Ballington Booth）① 在朱利亚监狱做过演讲。我曾经帮助过设在芝加哥的“希望之家”，那是为那些得到假释的犯人准备的临时居所。我对这项工作最主要的贡献是在一个星期天的下午，做了一场题为“工作的乐趣”的报告。

我曾经给杂志投稿，主张无论是男孩还是女孩都应该工作。我一直坚持我那未婚的妹妹要像我一样继续工作，使生活更欢乐充实，她现在还在大激流市的一所高中教书。我将一个女儿送上了舞台，另一个女儿从史密斯学院毕业后就很快结了婚，她做了母亲仍在工作，后来又当了妇女俱乐部的主席，同时做两件事，有些时候还去做讲座。我妻子一天工作 14 个小时左右，她是我们的首席园丁，建成了密歇根州最好的花园。每年夏天，都有好几百人或远或近地跑来参观她的花园。她管理着一个总是住满了客人的乡下大院。我们统计过，在这里我们一个夏季要供应 3500 多份早餐。她还是个音乐家，一天花 6 个小时左右练习。在芝加哥，她也是个有名的义工。

在女儿们还没有出嫁的时候，我们家在假日里挤满了年轻人。我告诉他们我不喜欢看到他们游荡的样子。我的话促使他们在学校放假的时候出去工作，养成了有益于他们未来事业的习惯。而我自己也满意地看到，通过这种方式，我帮助他们中的很多人取得了成功。他们自己也发现拉来各种生意比玩球更有意思，赢得一份合同比赢得一座奖杯更好。

我专注于生意不是因为只爱钱或名声，我甚至从来没有明确的成功欲望。钱对我来说算不了什么，只是我的苏格兰人的本性使我反对

---

① 美国基督教救世军领袖，美国义勇军创建人之一。——译者注

浪费，我甚至不想把钱留给我的孩子们，她们已经得到了对她们有益的东西。我希望她们的丈夫们能得到我这样的快乐，那种成就自己事业的快乐，所以我不会剥夺他们努力的动力。

我曾长期生活在极度贫困之中，经常与饥饿打交道。进入生意圈之后，我还不得不每周省下两顿饭钱才能有钱洗衣服。我也曾生活在奢侈之中，一年花掉 14 万美元。对我来说，这两种生活没有太大的区别，在这两种环境下我都一样快乐。我不认为我们能毫无痛苦地回到贫穷的日子里，但我认为人可以在不同条件下同样生活得很有乐趣。

我所知道的最快乐的人是我的一个邻居。他每个月挣的钱从没超过 125 美元，他就靠这点收入攒下足够的钱，盖了 6 间小房子并把它们租出去。然后他就退休，靠租金收入生活。他在我的湖上避暑，在花园里工作，在佛罗里达越冬。我经常跑到他的小房子里去听他发表对“满足”的看法。

在所得税制定以前，我从不记录自己挣了多少钱，它们的数目对我没什么意义，它们是增加了还是减少了根本不会影响到我。我妻子负责打理我所有的收入，支付所有的账单，我从来不签发支票。我一点也不清楚我乡下的房子花了多少钱，也不知道家里任何其他东西的价钱。由于妈妈遗传给我的一些天性，要是知道了这些支出，我会不快活的。一般人会认为这些东西花费了很多钱，但是我对此却毫无感觉。

在个人消费上，我是很勤俭的。我经常穿得破破烂烂的，我一直穿店里出售的成衣，直至有一天我妻子终于忍无可忍，现在我仍然逃避开价很高的裁缝。在现在，我写作的时候，我已经有两年没有买新衣服了。我最贵的鞋是 6.5 美元一双，住旅店，我也总是订最简朴的房间。

我写所有这些，都是为了说明我工作的动机不是为了金钱，也不是为了名声或地位。置身在普通百姓之中，在我建有家园的树林中，我根本不在乎这两样东西，任何有可能让我脱离老百姓的东西，都会让我不舒服。在乡下，我们大家都是平等相处的。

我因工作的乐趣而工作，因为工作已经成为我的一种习惯。后来在生意圈中努力工作，是因为我认识到，必须有人做大量艰苦的工作，才能使广告从它的哺乳期成长起来。

洛德暨托马斯广告公司在我 25 岁时提出给我一个职位。那时我住在大激流市，我跑到芝加哥，和这家公司的开创者讨论从事这份工作的可能性。那时公司还没有文案撰稿人，它更像一家经纪行，和其他代理公司就固定的版面进行竞价。广告主自己准备广告，然后把电铸版送来。广告业就是靠为广告主制定广告发布日程表，让他们在上面花钱而挣钱。他们想把做策划的任务交给我，因为我在比斯尔吸尘器公司时就证明了自己是个做策划的人。我们并没考虑广告主的利润问题。

那时我很年轻，没有经验。但我有敏锐的感觉，知道这种广告生意持续不了多久。我的职业训练已经让我明白了跟踪结果的必要性。所以我谢绝了洛德暨托马斯广告公司的职位和涨了 60% 的薪水，继续在推销产品的道路上奋斗。16 年后，洛德暨托马斯广告公司换了老板，他们又邀请我加入。

我从这么多年的独特实践中学到了什么？我的收获与有人通过医学研究、通过在实验室度过一生而得到的东西是一样的。我一生的工作就是研究广告，现在我有资格写下我的发现，介绍给我的后来人。我希望，我的记录能让许多人避免开拓者们犯过的错误，节省像我过去那样为纠正错误而花的时间。我所收获的东西和托马斯·爱迪生每天工作 20 个小时收获的东西一样——一种满足，那种得知自己发现了某种经得起时间考验的东西时的满足。

许多人说，广告业正在发生变化，需要一些新东西。当然，美国的生活节奏正在加快。流行趋势、消费偏好和人们的欲望就像万花筒一样千变万化。广告的某些模式在改变，有必要，也永远需要，给每一次广告活动赋予不同的主题。模仿者永远不会成功，但是人性是不会变的。这本书确立的一些基本原则会像阿尔卑斯山一样长久。

比起以前现在做广告要困难得多，因为成本更高，而竞争又是如此激烈。但每一个新困难都使我们更加意识到科学的广告的必要性。

写到这里时，我望了一眼美丽的湖面。我第一次来到这里时还是个6岁的男孩子。湖的另一边是一个村庄，那儿曾经是一个木材镇，我祖父曾经在那里做牧师。我目光所及之处是一个山坡，我还是个男孩子时在那里犁过地。葡萄园覆盖在山坡上，我以前在那里摘过葡萄。在这里，我叔叔有一个果园，现在成了我的家。每年夏天，还有冬天，我都在这里工作，直到我外出做生意为止。这里仍然居住着我童年时代的一些玩伴。

从那里往下走曾经有一个码头。在那个码头，我曾经一天装卸过1 800筐桃子。就是在那个码头，在我18岁的一天晚上，我跳上一条船，脸上挂着泪，踏上了从商之路。当我再见到这童年的家园时，我已经度过了很多艰难的岁月。

思乡的本能使我又回来了。我买下了一片未经垦伐的森林，那是我小时候就非常热爱的地方，我把它叫做“松林坡”。在那里我建起了自己的家园，以后又花了17年的时间扩大、发展它，把它变成了我的天堂。一个半英里长的花园一直伸向湖边。有快乐的朋友、亲戚和孙儿孙女们相伴，草地永远充满了生机。

在这优美的环境里，我做着我想做的事情。在距此一英里之外的地方，可以看见我的努力带来的成就与过去的生活形成的反差。这里还居住着一些天真无邪的居民，告诉我世界本来的样子。这里是我的故乡，我的圣殿，我的家。

我相信没有谁能比我从生活中得到的更多——更多真实的欢乐和满足。我把这个归结于对简朴生活的热爱，对普通人的热爱，这些因素使我在广告上获得了成功。

在这里，在我们的周末晚会上，我见到过很多成功人士，我们亲密相处。我不嫉妒他们中的任何一个。最快乐的人是那些与大自然最接近的人，而自然正是广告成功的一个必要条件。所以，根据我对大众的热爱和了解，我做出这样的结论：这样的假日会比金钱带给你更多的报酬。

译者后记

我第一次接触到克劳德·霍普金斯是在1998年。那时刚刚在国外读完了MBA，正式进入广告圈一年。我很庆幸，我的入门教科书就是这本《科学的广告&我的广告生涯》，而不是现在4A公司通常采用的某种传播模型的教科书。这种教科书，我后来看到过很多。往往是知名的广告人把自己任职过的某个成功国际广告公司的理论体系照搬过来，结合他们各自的经验，教给有志于这一行的新手——这便是广告。有些，甚至是直接脱胎于这些公司内部的培训材料。我在过去9年的广告实践过程中，几乎看到过所有的4A公司的相关资料，也看到过几乎所有公司依托于这些理论进行的实战提案。应该说，我每次看到这些时，都和那些公司的新手们一样，对其中的体系、模型、图表、案例产生一种由衷的钦佩之意。

不过，我觉得，那些东西更像是在教人如何做广告提案，而不是在教人如何做一个广告人。如果你想学习一种广告秘籍，如果你想在一种“国际化”、“现代化”的语境中用几个月时间把自己打造成一个广告人，本书绝对不适合你。这本书不是快餐，而更像你打坐时的一杯香茶。它的营养成分是对你的心的，而不只是对你的大脑的。

我不是解读霍普金斯的广告史专家。我从他的书里得到的教益是非常个人的。以下的看法，仅供读者参考。

第一，广告不可以投机。

在 20 世纪初，我相信很多人比今天更相信科学，霍普金斯就是他们中的一个代表。他相信，一切广告行为都可以通过广告效果的跟踪调查进行评估，从而找到最为合适的方案。那时没有计算机，没有像今天的 AC 尼尔森或央视－索福瑞这样专业的调查公司。霍普金斯就凭着几千张优惠券进行反复的评测，并且用几千个人的试用结论得到他所谓的最科学的结果。

今天，很多所谓老资格的广告人、策划大师或在营销上小有成果的广告主开始简化这一程序，更依赖于他们自己的经验和判断，或者是某个理论模型的沙盘推演。他们不再轻信调查的结果；过去的成功使他们相信，自己才是最专业的人；而日益残酷的竞争压力，使他们也没有更多的时间和心情反复调试。很多人宁可相信声音大就可以占据更多的受众的心，或者表现怪异就可以出类拔萃。每个人在总结他的成功经验时都能提出很多科学的解释，但在决策过程中，其实还是在拍脑袋，靠所谓的“头脑风暴”做广告。

最重要的是，中国经济正处在一个前所未有的爆发阶段。更多的人相信奇迹，而不是一步一步的稳定增长。在一个“超女”的影响力超过大师的年代，在一个“梦想”比“保守”更为吃香的年代，还有多少人相信，广告不可以投机呢？除非这个人像霍普金斯一样有个苏格兰血统的妈妈，除非他从小就受到严格的宗教熏陶。

所以我说，霍普金斯教的是做人的问题，而不是做事的问题。也许，只有解决了生存问题的广告人，才可以谈“不投机”。但我相信，如果只是投机，广告一定没有生命力。

第二，推销是一种服务。

好像，这又是一个做人的问题。

霍普金斯非常反对“买我的产品，别买别人的产品”式的广告。如果广告或其他推销手段，不能带给消费者更多的利益，那么，所有交易方都将遭受损失。消费者会因此上当，买了他不需要的东西；广告主会多浪费金钱，做了一些对销售帮助不大的商业推广；而广告公司也因此丧失了他们服务广告主的专业基础。霍普金斯创造了一个理想化的良性循环，因为投入更多来做教育和试用，所以广告主才可以有更多的客户，由此创造更多的消费，同时有更多的资源可以用来推广。他甚至让我感觉到另一个极端，广告是用来招徕新客户的，而不是保有老客户的。

联想到国内某健脑产品的广告特点，一种非常野蛮的灌输，同时据说也是很成功的广告模式，霍普金斯的观念又是对现在流行的一种批判。虽然，他好像没有考虑马斯洛的需求层次问题，也没有考虑到社会极大富足之后，消费已经不是完完全全地建立在产品本身的功能属性上。但我始终相信，我觉得他谈的不是一个创意问题，而是广告人的定位问题。让消费者买椟还珠是一种误导。如果因为很多人盲目消费，就鼓励非理性的消费观念，并且从中牟利，广告人丧失了他应该具有的责任感。

是不是我只能从一个100年前的人那里去寻找知音呢?

第三，广告人必须勤奋。

就在我写下这段话之前，一个刚到我们公司服务了半年的大学生来找我辞职，因为有了别的合适的机会。像我见过的很多新进到广告公司的新人一样，他们面对了太多的机会。以至于他们觉得自己可以选择机会，而不必等待机会的垂青。他们想的没有错，但是，假如因为他们可以选择机会，就因此放弃勤奋，他们的损失就比任何可能得到实现的机会都要大。

其他的道理真的不必说了。

我衷心希望，这本书，对于那些有了三、五年广告经验的人有所助益。这些人中的一部分人，已经看过了广告的浮华，希望能拥有一种真正的成功，希望能在几十年后还能与后辈沟通他们作为一个广告人的那种实在感，我相信他们可以理解我上面说的那些话。也只有这些人才会了解当今广告的“快餐式”培训的危害所在，才会因此尊重霍普金斯。

未来，属于终身学习者

我这辈子遇到的聪明人（来自各行各业的聪明人）没有不每天阅读的——没有，一个都没有。巴菲特读书之多，我读书之多，可能会让你感到吃惊。孩子们都笑话我。他们觉得我是一本长了两条腿的书。

——查理·芒格

互联网改变了信息连接的方式；指数型技术在迅速颠覆着现有的商业世界；人工智能已经开始抢占人类的工作岗位……

未来，到底需要什么样的人才？

改变命运唯一的策略是你要变成终身学习者。未来世界将不再需要单一的技能型人才，而是需要具备完善的知识结构、极强逻辑思考力和高感知力的复合型人才。优秀的人往往通过阅读建立足够强大的抽象思维能力，获得异于众人的思考和整合能力。未来，将属于终身学习者！而阅读必定和终身学习形影不离。

很多人读书，追求的是干货，寻求的是立刻行之有效的解决方案。其实这是一种留在舒适区的阅读方法。在这个充满不确定性的年代，答案不会简单地出现在书里，因为生活根本就没有标准确切的答案，你也不能期望过去的经验能解决未来的问题。

而真正的阅读，应该在书中与智者同行思考，借他们的视角看到世界的多元性，提出比答案更重要的好问题，在不确定的时代中领先起跑。

湛庐阅读 App：与最聪明的人共同进化

有人常常把成本支出的焦点放在书价上，把读完一本书当作阅读的终结。其实不然。

时间是读者付出的最大阅读成本

怎么读是读者面临的最大阅读障碍

“读书破万卷”不仅仅在“万”，更重要的是在“破”！

现在，我们构建了全新的“湛庐阅读”App。它将成为你“破万卷”的新居所。在这里：

- 不用考虑读什么，你可以便捷找到纸书、电子书、有声书和各种声音产品；
- 你可以学会怎么读，你将发现集泛读、通读、精读于一体的阅读解决方案；
- 你会与作者、译者、专家、推荐人和阅读教练相遇，他们是优质思想的发源地；
- 你会与优秀的读者和终身学习者为伍，他们对阅读和学习有着持久的热情和源源不绝的内驱力。

本书阅读资料包

给你便捷、高效、全面的阅读体验

本书参考资料

湛庐独家策划

- **参考文献**
  为了环保、节约纸张，部分图书的参考文献以电子版方式提供
- **主题书单**
  编辑精心推荐的延伸阅读书单，助你开启主题式阅读
- **图片资料**
  提供部分图片的高清彩色原版大图，方便保存和分享

相关阅读服务

终身学习者必备

- **电子书**
  便捷、高效，方便检索，易于携带，随时更新
- **有声书**
  保护视力，随时随地，有温度、有情感地听本书
- **精读班**
  2~4周，最懂这本书的人带你读完、读懂、读透这本好书
- **课　程**
  课程权威专家给你开书单，带你快速浏览一个领域的知识概貌
- **讲　书**
  30分钟，大咖给你讲本书，让你挑书不费劲

湛庐编辑为你独家呈现
助你更好获得书里和书外的思想和智慧，请扫码查收！

（阅读资料包的内容因书而异，最终以湛庐阅读App页面为准）

Claude C. Hopkins：Scientific Advertising & My Life in Advertising

图书在版编目（CIP）数据

科学的广告 & 我的广告生涯 /（美）霍普金斯（Hopkins，C. C.）著；
邱凯生译 .—北京：华文出版社，2010.9
ISBN 978 – 7 – 5075 – 3257 – 9

Ⅰ. ①科… Ⅱ. ①霍… ②邱… Ⅲ. ①商业广告—广告学 ②商业广告—经验—美国 ③霍普金斯，C. C.（1866 ~ 1932）—生平事迹 Ⅳ. ① F713.8 ② K837.125.3

中国版本图书馆 CIP 数据核字（2010）第 174213 号

科学的广告 & 我的广告生涯

著　　者：（美）霍普金斯
译　　者：邱凯生
责任编辑：刘超平
出版发行：华文出版社
社　　址：北京市西城区广外大街 305 号 8 区 2 号楼
邮政编码：100055
网　　址：http: //www.hwcbs.com.cn
投稿信箱：hwcbs@126.com
电　　话：总编室 010 – 58336255　责任编辑 010 – 58336202
经　　销：新华书店
印　　刷：天津中印联印务有限公司
开　　本：170 × 230　1/16
印　　张：16.25
字　　数：217 千
版　　次：2010 年 9 月第 1 版
印　　次：2020 年 6 月第 10 次印刷
标准书号：ISBN 978 – 7 – 5075 – 3257 – 9
定　　价：45.00 元